GERMAIN PATUREL

CONSEILLER DU COMMERCE EXTÉRIEUR DE LA FRANCE

MUTUELLES-EXPORTATION

MÉTHODE NOUVELLE

POUR FACILITER L'EXPORTATION DES PRODUITS FRANÇAIS

DE LA PETITE ET MOYENNE INDUSTRIE

PARIS (VIe)

H. DUNOD ET E. PINAT, ÉDITEURS

49, Quai des Grands-Augustins, 49

1907

GERMAIN PATUREL

CONSEILLER DU COMMERCE EXTÉRIEUR DE LA FRANCE

MUTUELLES-EXPORTATION

MÉTHODE NOUVELLE

POUR FACILITER L'EXPORTATION DES PRODUITS FRANÇAIS

DE LA PETITE ET MOYENNE INDUSTRIE

PARIS (VIᵉ)

H. DUNOD ET E. PINAT, ÉDITEURS

49, Quai des Grands-Augustins, 49

1907

INTRODUCTION

I

Je ne vois point, quant à moi, de question plus importante, de question s'imposant davantage à l'attention de tous ceux qui s'intéressent à la chose publique, que celle du développement du commerce extérieur de la France.

Seuls, des esprits superficiels ou égarés peuvent dédaigner le problème de l'expansion économique de notre pays, comme d'ordre trop peu élevé pour être digne d'une étude approfondie et de leurs préoccupations.

C'est là que réside, cependant, et c'est là que résidera de plus en plus la source de toute prospérité et de toute puissance. Aucune nation ne peut aujourd'hui se suffire à elle-même. Ses intérêts sont confondus de telle manière avec ceux du monde entier qu'elle y occupe une fonction analogue à celle d'un organe dans un organisme. Il ne faut pas que cet organe, dont nous, industriels et commerçants, sommes les cellules, soit frappé d'arrêt de développement ou s'atrophie.

Ainsi que le dit excellemment, d'autre part, le vénérable M. Frédéric Passy, la diversité des aptitudes, des climats, des sols, répartit inégalement les éléments de la richesse sur la terre. Nous avons besoin de ce que produisent les nations éloignées, et les nations éloignées ont besoin de ce que nous produisons. Plus nous aurons de marchandises à leur offrir, et plus on en aura à nous offrir. Plus notre travail aura été fécond, et celui des autres aussi, et plus nous verrons s'accroître nos ressources et nos jouissances.

On me pardonnera d'insister sur ce point, parce que je pense qu'il faut absolument faire disparaître des esprits la croyance en l'antagonisme des intérêts, la croyance, encore trop répandue dans les relations internationales, « qu'il ne se fait de profits qu'au dommage d'autrui ».

L'échange apparaît ainsi dans son action bienfaisante, dans son œuvre d'union, de concorde et de prospérité, en même temps qu'apparaît, pour chaque pays, la nécessité de développer sans cesse ses échanges. Et, en travaillant à accroître l'exportation des produits français, — en faisant son devoir de Français, — on éprouve le sentiment de travailler, du même coup, à la prospérité de l'humanité tout entière et pour la paix.

Il résulte encore de cela que toutes les entraves imaginées dans le but de restreindre les échanges sous des prétextes divers vont à l'encontre des intérêts mêmes qu'elles sont destinées à protéger.

Enfin on peut ajouter que, la prospérité d'un pays dépendant essentiellement de la méthode, de l'initiative et des efforts individuels de chacun de ses industriels, agriculteurs et commerçants, ceux-ci doivent toujours se souvenir que la manière générale dont leurs entreprises seront gérées et conduites sera forcément aussi la manière dont seront gérées et conduites les affaires de la France. L'État ne pourra les soutenir que grâce à la puissance qu'ils lui auront eux-mêmes donnée.

Toutes ces raisons, indépendamment de celles qu'on trouvera développées dans ce volume, me semblent imposer aux industriels français la nécessité de se préoccuper d'urgence de la situation peu satisfaisante de notre pays dans le commerce mondial.

C'est pourquoi j'apporte ici ma modeste contribution à une œuvre qui, à mon avis, est au moins aussi nécessaire que certaines autres pour lesquelles se passionne aujourd'hui l'opinion publique.

II

Les feuilles de cet ouvrage représentent la forme dernière, l'étape finale, — si je puis m'exprimer ainsi, — d'un travail auquel j'ai consacré, durant ces deux dernières années, tous les instants que mes occupations commerciales m'ont laissés libres.

Vingt fois, avant d'atteindre à la forme définitive, avant de découvrir le type satisfaisant d'organisation cherchée, j'ai tout détruit et tout remis sur le chantier, mettant à profit, pour commencer une construction nouvelle, les critiques dont des hommes autorisés voulaient bien m'honorer, et toutes les observations que je pouvais faire moi-même.

Aussi les pages de ce volume n'étaient-elles pas primitivement destinées à la publicité, mais bien au contraire destinées à préciser pour moi-même le processus de ma conception et la forme définitive de celle-ci.

Je comptais ensuite, pour arriver à la réalisation de

mon projet, sur des communications aux groupements commerciaux, sur la persuasion que je saurais trouver dans une conviction sincère, sur l'absolue nécessité d'agir qui s'impose à mes compatriotes industriels et commerçants, et, enfin, sur l'inévitable collaboration du temps.

Mais on m'a fait ressortir combien il était nécessaire de porter la discussion devant les intéressés eux-mêmes, devant les industriels et les commerçants. L'action des groupements patronaux, — Chambres syndicales ou autres, — et de leurs journaux, pour active et utile qu'elle soit, m'a-t-on dit, se trouve, de par le grand nombre de leurs attributions, trop amoindrie sur chaque point en particulier pour rester suffisante ici. Cette action ne serait pas assez soutenue pour une question de la nature de celle que vous traitez. D'ailleurs, nombre d'industriels des centres importants et de la province ne suivent pas régulièrement les travaux des groupements patronaux. Un article de journal, une conférence s'oublient. Un livre reste : chacun peut le lire tranquillement à son heure, le méditer et s'y reporter à l'occasion.

Nul doute, ajoutait-on, que l'appui des Chambres syndicales vous soit tout acquis et que vous y trouviez une aide fort précieuse.

D'autre part, bien des hommes, qui ne sont ni industriels ni commerçants, s'intéressent cependant au problème de l'expansion économique de la France. Ceux-là, répartis dans tous les domaines de l'activité nationale, un livre seul peut les atteindre. Or, leur critique et leur concours vous sont indispensables.

Telles sont quelques-unes des raisons qu'on m'a fait valoir en faveur de la publication de mon travail. Elles m'ont paru sérieuses. De plus, les fabricants auxquels j'ai soumis les grandes lignes du mode d'organisation que je préconise m'ont déclaré qu'ils seraient heureux de le voir se réaliser et de pouvoir en profiter. Je me suis donc décidé à publier le résultat de mes recherches.

Toutefois, avant de prendre une décision ferme, j'ai cru devoir solliciter les avis et la critique de quelques personnalités d'une compétence unanimement reconnue. La méthode nouvelle d'action représentée par le type d'association que j'ai dénommé « Mutuelles-Exportation » a reçu, je suis heureux de le dire, un très bienveillant accueil auprès de ces personnalités. Ai-je besoin d'ajouter que ce fait constitue pour moi une récompense déjà suffisante, en même temps qu'un encouragement des plus précieux pour m'engager à poursuivre la réalisation des « Mutuelles-Exportation »?

Le lecteur me permettra de citer ici des extraits de quelques-unes des lettres qui me sont parvenues à ce sujet.

MINISTÈRE DU COMMERCE
ET DE L'INDUSTRIE

—

OFFICE NATIONAL
DU
COMMERCE EXTÉRIEUR

—

3, *rue Feydeau* (2ᵉ)

—

Cabinet du Directeur

Paris, le 26 novembre 1906.

MONSIEUR LE CONSEILLER,

Faisant suite à notre entretien du mois de juillet dernier, vous avez bien voulu m'adresser, le 22 de ce mois, un exemplaire mis au point de votre remarquable étude sur *Un nouveau moyen d'accroître l'exportation des produits français...*

... Je m'empresse de vous remercier de votre communication. J'en ai pris connaissance avec le plus vif intérêt. Je ne la perdrai pas de vue, et je serais heureux que votre travail si étudié retînt l'attention du monde des affaires.

Agréez, Monsieur le Conseiller, avec l'expression de ma sympathie personnelle pour vos louables efforts, la nouvelle assurance de ma considération la plus distinguée.

*Le Directeur de l'Office national
du Commerce extérieur,*

COLLIN-DELAVAUD.

Cher Monsieur,

Je vous retourne votre projet, que je trouve très intéressant... Votre projet me paraît très bien conçu au point de vue de la grosse difficulté à laquelle se heurtent les syndicats. Avant d'être syndiqué, on est industriel et commerçant, et on veut faire des affaires pour son compte. On craint les concurrents... Vous avez soin de ne composer chaque groupe que d'intérêts qui, tout en ayant des points communs, ne se font pas concurrence...

Je vous félicite de votre initiative, et je fais les meilleurs vœux pour qu'elle ne se heurte pas au misonéisme (la peur des choses nouvelles), ou simplement à l'indifférence des intéressés. Il ne suffit pas d'avoir raison pour triompher...

Cordialement à vous.

Yves Guyot.

— X —

CHAMBRE DE COMMERCE
FRANÇAISE
DE MONTRÉAL

Montréal, 30 août 1906.

(Première lettre.)

MONSIEUR,

... Le plan des « Mutuelles-Exportation », tel que vous l'avez établi, vise avant tout le côté pratique et est supérieurement exposé.

Aussi notre Chambre de commerce verrait avec satisfaction votre système mis à l'essai...

... Nous ne pouvons que vous adresser nos plus sincères félicitations pour votre important travail, qui doit intéresser non seulement nos industriels et nos commerçants, mais aussi tous nos compatriotes s'intéressant à la chose publique...

Veuillez agréer, Monsieur, etc.

Le Secrétaire,
A.-F. REVOL.

Le Président,
C.-A. CHOUILLOU.

CHAMBRE DE COMMERCE
FRANÇAISE
DE MONTRÉAL

, Montréal, le 16 janvier 1907.

(Deuxième lettre.)

MONSIEUR,

Nous sommes en possession de vos estimées du 31 écoulé.

Par notre lettre du 30 août dernier, nous avions dit tout le bien que nous pensions des « Mutuelles-Exportation ».

En ce qui concerne plus particulièrement le Canada, nous vous donnons ci-dessous notre appréciation...

1° Un essai pourrait être tenté sur une petite échelle.

2° Votre projet tel qu'établi nous paraît réalisable et l'essai pourrait être tenté sans modification préalable.

L'entreprise se perfectionnera d'elle-même, au fur et à mesure des obstacles qui seront rencontrés et que l'on fera disparaître.

3° Les industriels qui auraient le plus d'intérêt à se faire représenter au Canada sont :

1° Les vins et liqueurs;

2° Les articles du Jura;

3° Les tissus.

Nous avons sur place quelques agents auxquels nous pourrions soumettre votre projet et proposer par le moyen d'un concours la place de directeur d'une Mutuelle...

Dans la région des Charentes, on trouverait aussi facilement un groupe d'exportateurs pouvant former une Mutuelle...

Nous vous prions d'agréer, Monsieur, etc.

Le Secrétaire,
A. REVOL.

Le Président,
C.-A. CHOUILLOU.

CHAMBRE DE COMMERCE
FRANÇAISE
DE NAPLES
ET DE
L'ITALIE MÉRIDIONALE

MONSIEUR,

Nous avons reçu vos deux lettres du 31 décembre 1906, ainsi que votre circulaire intitulée : *Essai sur un nouveau moyen d'accroître l'exportation des produits français*, — laquelle a eu toute notre attention. Assurément, si les idées exposées et suffisamment développées dans cette circulaire pouvaient se réaliser, le commerce de notre pays en retirerait de grands avantages.

Il est pénible de voir que, sous le rapport des échanges internationaux, nous sommes tellement en arrière sur les autres nations. Tous les efforts de notre activité commerciale et industrielle doivent tendre à améliorer cette situation, et les moyens que vous proposez nous paraissent excellents : l'organisation des « Mutuelles-Exportation » serait à désirer dans le plus bref délai possible...

Telle est la réponse que nous pouvons donner, Monsieur, à vos intéressantes lettres, et, restant à vos ordres pour tout ce qui pourrait vous être agréable, nous vous prions d'agréer, etc.

<table>
<tr><td>Le Secrétaire,
Membre du comité,
(Illisible).</td><td>Le Président,
Eug. DURAND.</td></tr>
</table>

COMITÉ
DU
COMMERCE EXTÉRIEUR
—

MONSIEUR,

Votre question sur un nouveau moyen d'accroître l'exportation des produits français m'a paru si intéressante que nous lui avons donné le numéro 1.

C'est donc vous qui parlerez le premier dans l'après-midi du 21 novembre.

Recevez, etc.

Jacques SIEGFRIED,
Président.

(Le 21 novembre 1906 était la date fixée pour la première Réunion générale des Conseillers du Commerce extérieur de la France. Cent soixante-deux projets et rapports étaient parvenus au Comité d'organisation, à l'occasion de cette Réunion.)

AMBASSADE DE FRANCE A LONDRES

L'ATTACHÉ COMMERCIAL

MONSIEUR,

Je viens de lire, à plusieurs reprises, et chaque fois avec un intérêt grandissant, votre projet relatif à *Un nouveau moyen d'accroître l'exportation des produits français.*

Je ne saurais trop vous féliciter, Monsieur, d'avoir su concevoir et exposer si clairement le plan d'une organisation commerciale qui me paraît avoir de grandes chances de succès et mérite de retenir la plus sérieuse attention de nos fabricants.

A part quelques critiques de détail, je ne vois rien à objecter à l'idée maîtresse de votre projet, qui me semble tout à fait excellente.

Je vous conseille vivement, Monsieur, de la porter promptement à la connaissance du monde des affaires...

... Il faut absolument que vous ayez des lecteurs, beaucoup de lecteurs...

Inutile de vous dire que je me tiens, dès maintenant, à votre entière disposition pour faciliter l'exécution de votre projet...

... Je vous prie, Monsieur, d'agréer mes très sincères félicitations, ainsi que l'assurance de mes sentiments les plus distingués.

Jean PÉRIER.

Je place les pages suivantes sous l'autorité de ces noms respectés, et je les dédie, sans prétention aucune, mais comme le produit d'un effort sincère et consciencieux, à ceux dans l'intérêt de qui elles ont été écrites : Aux Fabricants de la petite et de la moyenne industrie.

Je dois cependant ajouter que les jugements qu'on vient de lire concernent exclusivement l'idée directrice et l'organisation des « Mutuelles-Exportation », objet de la troisième et de la quatrième partie du présent ouvrage.

D'ailleurs, pour ce qui concerne les deux premières parties, d'ordre plus général, je ne doute pas que les auteurs des ouvrages cités à l'appui de mon argumentation seront considérés comme offrant eux-mêmes toute garantie.

G. P.

Février 1907.

MUTUELLES-EXPORTATION

PREMIÈRE PARTIE

IMPORTANCE ET NATURE DE LA LUTTE COMMERCIALE ENTRE LES NATIONS

CHAPITRE I

QUESTION PRIMORDIALE

Unité d'appréciation. — *L'Union des Syndicats de France.* — M. A. Picard.
M. Courcelle-Seneuil. — M. Gustave Le Bon. — Question vitale.

Tout le monde s'accorde, aujourd'hui, sur l'importance primordiale de la lutte commerciale et industrielle, sur la place prépondérante occupée par l'industrie et le commerce dans notre civilisation.

Nul ne songe à nier les rapports étroits qui relient les questions économiques à la politique des États et aux relations internationales.

« L'avenir et la prospérité des nations, dit le journal *l'Union des Syndicats de France* (numéro du 15 octobre 1906), dépendent de l'essor de leur industrie et de leurs échanges. »

« La lutte commerciale entre les nations vieilles ou jeunes, écrit, d'autre part, M. A. Picard, président de la Commission permanente des valeurs de douane, dans

son dernier *Rapport annuel*, prend chaque jour une
âpreté croissante, et désormais la puissance mondiale
se disputera beaucoup plus sur les marchés internationaux que sur les champs de bataille. »

M. Courcelle-Seneuil, dans son *Traité d'Économie
politique*, exprime la même opinion en montrant, en
outre, la raison de l'importance primordiale de la
question.

« Il faut bien remarquer, dit-il, que tous les progrès
de la civilisation sont sortis de l'accroissement de la
puissance industrielle et n'ont pu être réalisés qu'au
moyen de cet accroissement[1].....

« D'ailleurs, quelles que soient les conditions faites
à l'individu par le mouvement de l'industrie, nous en
savons assez désormais pour comprendre que, si nous
voulons les améliorer, ce n'est pas en tentant un retour
impossible vers le passé que nous pourrions y parvenir ;
car une société ne peut ni reculer, ni rester stationnaire
sans disparaître bientôt sous les pas de celles qui
marchent en avant[2]. »

Enfin M. Gustave Le Bon, dans sa *Psychologie du
Socialisme*, écrit, au début de ce remarquable ouvrage :

« Dans l'état actuel des choses, l'évolution des sociétés est soumise à trois ordres de facteurs : politiques, économiques, psychologiques. Ils ont existé à
toutes les époques, mais l'importance respective de
chacun d'eux a varié avec l'âge des nations...

« Les facteurs économiques ont aujourd'hui une importance immense. D'importance très faible à l'époque
où les peuples vivaient isolés, et où les diverses indus-

---

1. Troisième édition, t. Ier, p. 179.
2. Troisième édition, t. Ier, p. 184.

tries ne variaient guère de siècle en siècle, ces facteurs ont fini par acquérir une action prépondérante. Les découvertes scientifiques et industrielles ont transformé toutes nos conditions d'existence...

« Dominées surtout jadis par des croyances, les sociétés obéissent de plus en plus désormais à des nécessités économiques...

« La limite dans laquelle l'homme échappe à la tyrannie des facteurs économiques dépend de sa constitution mentale, c'est-à-dire de sa race ; et c'est pourquoi nous voyons certains peuples soumettre à leurs besoins les facteurs économiques, alors que d'autres se laissent de plus en plus asservir par eux et ne cherchent à réagir que par des lois de protection incapables de les défendre contre les nécessités qui les dominent.

« Tels sont les principaux moteurs de l'évolution sociale. Les ignorer ou les méconnaître ne suffit pas à entraver leurs effets. Les lois naturelles fonctionnent avec l'aveugle régularité d'un engrenage, et qui se heurte à elles est toujours brisé par leur marche. »

Et, plus loin[1] :

« Ce que nous voyons bien clairement, c'est que les phénomènes les plus importants de la vie des États, et la condition même de leur progrès, échappent de plus en plus à leur volonté et sont régis par des nécessités économiques et industrielles sur lesquelles ils ne peuvent rien. »

Les citations qui précèdent confirment, — à supposer même que cela soit nécessaire, — l'unité d'appréciation du monde du commerce, de l'administration et de la science.

---

1. *Psychologie du Socialisme*, par Gustave Le Bon. 3e édition, p. 232. Paris, Félix Alcan, éditeur.

Nous sommes en face d'une question vitale, appelée à croître sans cesse en importance. Il est grand temps qu'elle devienne enfin l'objet d'une étude attentive et permanente de la part, non seulement des industriels et des commerçants, mais encore de tous ceux de nos compatriotes qui s'intéressent à la chose publique.

CHAPITRE II

IMPORTANCE D'UNE CONCEPTION EXACTE DE LA NATURE ET DES EFFETS DE LA LUTTE INDUSTRIELLE

Science et empirisme. — La théorie et la pratique. — Influences de conceptions différentes. — La qualité des intentions

Il n'est pas inutile d'examiner maintenant la valeur de la conception que se font un grand nombre de personnes de la nature et des effets de la lutte industrielle, autrement dit la qualité des principes directeurs d'après lesquels ces personnes agissent dans les affaires.

Si cette conception et si ces principes résultent d'une étude et d'une observation attentives des faits ainsi que des relations des faits entre eux, nous sommes dans la bonne voie. C'est déjà là un grand avantage, et nous n'aurons qu'à accélérer notre action dans la direction même jusqu'ici suivie. Nous n'aurons qu'à continuer à faire ce que nous faisons depuis longtemps, en allant seulement plus vite en besogne.

Si cette conception résulte, au contraire, d'impressions purement subjectives, d'impressions qui n'ont pas subi le contrôle rigoureux de l'étude et de l'observation, nous avons bien des chances de raisonner sur un principe faux, et toute notre logique ne saurait que nous enfoncer toujours plus avant dans l'erreur.

C'est de la théorie, soit, et on peut m'objecter qu'il

s'agit ici, non de thésauriser, mais de découvrir des moyens pratiques. Je répondrai avec J.-B. Say :

« C'est une opposition bien vaine que la théorie et la pratique. Qu'est-ce donc que la théorie, sinon la connaissance des lois qui lient les effets aux causes, c'est-à-dire des faits à des faits? Qui est-ce qui connaît mieux les faits que le théoricien, qui les connaît sous toutes leurs faces et qui sait les rapports qu'ils ont entre eux? Et qu'est-ce que la pratique sans la théorie, c'est-à-dire l'emploi des moyens sans savoir comment et pourquoi ils existent? Ce n'est qu'un empirisme dangereux, par lequel on applique les mêmes méthodes à des cas qu'on croit semblables, et par où l'on parvient où l'on ne voudrait pas aller. »

En tous les cas, en raison même de l'importance extrême de la lutte économique, on admettra bien que des conceptions différentes puissent influer de manières fort différentes aussi sur les échanges internationaux, par la direction donnée à la politique, à l'esprit de la législation, à l'enseignement technique et commercial, à l'organisation de l'industrie, et enfin à l'organisation des moyens d'action en vue du développement de notre commerce et de notre industrie.

« Dans notre démocratie, dit Yves Guyot[1], chacun participe de près ou de loin aux affaires publiques. Selon ses convictions ou ses préjugés économiques, il ira à droite ou à gauche; il contribuera à augmenter la richesse ou à provoquer la ruine de son pays. Il faut peu de chose pour que l'un ou l'autre résultat se produise : une fausse orientation, un coup de barre qui nous jette sur l'écueil au lieu de nous faire

---

1. *La Science économique, Introduction*, p. VII.

voguer, en pleine sécurité, vers un avenir prospère. »

Il est entendu que je ne soupçonne pas le moins du monde la sincérité des convictions de ceux qui, s'inspirant d'une conception erronée, préconisent en toute bonne foi des moyens dont l'effet est stérile quand il n'est pas néfaste; mais enfin on doit reconnaître que la qualité des idées n'est pas modifiée par les intentions de ceux qui les émettent.

Et, pour conduire, entretenir en bon état, réparer et perfectionner une machine, il est indispensable, il me semble, d'en connaître le principe et le but au moins autant que les organes.

CHAPITRE III

CONCEPTION COMMUNE DE LA NATURE ET DES EFFETS DE LA LUTTE INDUSTRIELLE

Le langage employé, symbole de cette conception. — Idée vague
Caractéristiques

Quelle est donc la conception que se font de la lutte industrielle la majorité de nos compatriotes?

Quels sont les principes dont ils s'inspirent dans leurs actes économiques?

Le langage employé, au Parlement comme dans les assemblées de commerçants, chaque fois que les intérêts de l'industrie sont en discussion, va nous fournir de suite des indications assez précises à ce sujet. Ce ne sont que métaphores guerrières : nations tributaires, invasions de produits étrangers, luttes à armes égales, vainqueurs et vaincus, parts arrachées à des rivaux, etc., etc.

Je crois inutile de citer des preuves à l'appui de mon assertion, car il n'existe, pour ainsi dire, aucun rapport commercial, aucun exposé de projet de loi douanière, où on ne puisse trouver ces expressions ou d'autres analogues.

L'observation attentive de l'état d'esprit qui anime les commerçants en général permet d'abord d'affirmer qu'ils se font une idée assez vague de la nature et des conséquences de la lutte industrielle, et permet ensuite de dégager les caractéristiques suivantes de leur conception :

1° Les industriels et commerçants étrangers ont pour principal objectif de supplanter, par tous les moyens, les industriels et les commerçants français sur les divers marchés, qu'ils inondent de leurs produits. Ils ne font guère autre chose que de copier les modèles créés en France, et leur morale professionnelle est, en général, loin d'être exemplaire.

2° Alors que le nombre des producteurs et le total des productions se sont développés d'une manière inconsidérée, excessive, les débouchés sont demeurés à peu près stationnaires : il s'ensuit un encombrement des marchés, une surproduction, une concurrence effrénée entre les producteurs, et cette concurrence est un véritable fléau.

3° Les produits s'échangent uniquement contre des monnaies. Quand la vente ne va pas, c'est parce que l'argent est rare.

4° Les industriels français ne sont ni protégés, ni soutenus, ni encouragés comme ils devraient l'être par les pouvoirs publics, et les industriels étrangers sont infiniment plus favorisés à cet égard.

CHAPITRE IV

CONSÉQUENCES

Les conséquences de cette conception sont aisées à deviner et à constater. Beaucoup de commerçants et d'industriels gaspillent un temps précieux à se lamenter et à demander à l'État protection contre les progrès du dehors, au lieu de s'efforcer d'améliorer leurs procédés de fabrication et de vente. Ils ne se trouvent jamais assez protégés. Ils envient leurs rivaux au lieu de chercher à lutter contre leurs concurrents. Devant la stérilité de moyens employés bien plutôt dans le but d'arrêter l'action de concurrents supposés mal intentionnés que d'augmenter leur propre action, ils sentent grandir en eux les velléités belliqueuses. Et ils se prennent à regretter de plus en plus amèrement le « bon vieux temps ».

En outre, ils calomnient leurs propres œuvres, et délivrent des certificats de supériorité à leurs concurrents, ce qui faisait dire à M. Paul Delombre, ancien ministre du Commerce[1] :

« Quand donc perdrons-nous l'habitude de nous

1. Séance de la Société des Industriels et Commerçants de France du 9 novembre 1904.

dénigrer, de nous calomnier nous-mêmes? Nos rivaux sont autrement habiles : toujours ils vantent leurs produits, proclament leur puissance, et ils puisent un élément de supériorité dans la confiance qu'ils ont en eux-mêmes. Nous, au contraire, nous prenons une sorte de plaisir à nous plaindre, et nous faisons tout notre possible pour que notre réputation ne soit pas celle dont nous sommes dignes. »

Cependant, par une curieuse contradiction, la haine générale dont nombre de nos industriels enveloppent l'ensemble des industriels et commerçants étrangers ne s'applique pas à chacun de ceux-ci considéré en particulier, car ils sont fort heureux d'avoir, hors frontières, des fournisseurs et des clients.

Je ne me charge point d'expliquer cette dérogation à un principe. Je veux seulement la constater.

La contradiction se généralise, d'ailleurs, et devient encore plus incompréhensible, quand on considère notre législation douanière. En effet, en notre temps de progrès, de communications de plus en plus rapides et plus faciles, quand toutes les découvertes de la science tendent à faciliter les échanges, on voit — d'une part — l'État aider ou tenter d'aider au progrès, en signant des conventions internationales pour les postes, les télégraphes, les chemins de fer, la navigation, en creusant des ports, des canaux, etc.; et — d'autre part — le même État élever autour des frontières une muraille de plus en plus haute pour empêcher les produits d'entrer, et par conséquent de sortir, pendant qu'il enferme l'industrie dans un réseau de règlements et d'entraves de plus en plus touffu.

On ne saurait qu'approuver, par ailleurs, les autres pays de se servir des mêmes moyens que nous pour

« protéger leur industrie », et, quand le seul résultat possible et logique d'un tel état de choses est de forcer chaque pays à se satisfaire à lui-même, on continue à prétendre que le résultat doit être un accroissement de nos échanges avec les nations étrangères. C'est, en vérité, d'une merveilleuse logique.

Maintenant, si la somme des débouchés n'est plus susceptible d'accroissement, ou très peu, il est évident que le seul moyen de s'en assurer une plus grande part réside dans l'emploi de la force brutale et dans la politique de conquêtes. Il faut bien, en effet, forcer les gens à acheter nos produits, puisqu'ils ne les achètent pas de bon gré.

La récente affaire du Maroc est la conséquence de cette croyance.

Enfin les industriels français voudraient voir l'État les soutenir et les encourager plus qu'il ne le fait. Comment exactement? Il serait difficile de le dire.

L'État doit-il leur garantir un chiffre d'affaires, ou un minimum de bénéfices? Alors les ouvriers sont parfaitement en droit de demander à leur tour un minimum de salaires, car cette prétention est exactement de la même valeur.

En résumé, de la conception générale que se font les industriels français de la nature et des conséquences de la lutte industrielle, il résulterait notamment ceci :

Que la lutte industrielle, — suivant l'expression de M. Schwob — est une guerre sans trêve, sans pitié, plus implacable que la guerre à coups de canon et d'autant plus dangereuse qu'elle fait des millions de victimes sans bruit et sans fumée;

Qu'il faut, plus que jamais, chercher à s'assurer des

débouchés exclusivement réservés à nos produits, — c'est-à-dire augmenter notre domaine colonial en employant dans ce but les ruses diplomatiques ou la conquête ;

Qu'il faut mettre le Travail national à l'abri de la concurrence étrangère derrière des droits de douane de plus en plus élevés à mesure que les progrès des autres peuples sont plus manifestes ;

Qu'il est à souhaiter que l'action de l'État s'étende de plus en plus, et qu'il accorde toute sa sollicitude au commerce et à l'industrie.

Dès lors le progrès n'est pas une amélioration, et les effets de la civilisation scientifique et productive ne valent pas mieux que les effets de la civilisation guerrière et sacerdotale.

Dès lors les efforts faits dans chaque pays pour l'extension de son commerce et de son industrie sont agressifs : les moyens qui en découlent sont des engins destructifs.

Dès lors certains esprits ont vu juste, en prédisant que les guerres de l'avenir seront encore plus atroces que celles du passé, parce qu'elles seront causées par les grands intérêts économiques dont dépend l'existence même des nations.

Dès lors, enfin, la néfaste et trop célèbre maxime de Montaigne : « Il ne se fait de profits qu'au dommage d'autrui », vraie chez les peuples conquérants et voleurs, reste vraie encore chez les peuples pacifiques et commerçants.

Pourquoi, en conséquence, ne pas essayer de restreindre, par tous les moyens, les échanges internationaux, au lieu de chercher à les accroître?

Les inconséquences et les contradictions qui se

manifestent entre la théorie que je viens d'exposer et la manière d'agir de ceux qui la considèrent comme fondée suffisent amplement à prouver qu'elle n'est pas exacte.

Tout le monde parle de la question économique comme tout le monde parle médecine, et on pourrait presque dire qu'en général on croit d'autant moins nécessaire d'apprendre une science avant de l'appliquer, qu'elle est plus difficile et plus élevée dans l'échelle des sciences.

Je ne puis certes avoir la prétention d'entrer dans une longue démonstration. Je voudrais seulement, dans les pages suivantes, faire entrevoir que la nature et les effets de la lutte industrielle sont tout autres que ceux qu'on s'imagine communément. Si je puis faire naître chez quelques industriels le désir d'étudier de près les lois qui régissent les phénomènes économiques, j'aurai déjà contribué par là même au développement de la puissance commerciale de la France.

CHAPITRE V

NATURE ET EFFETS RÉELS DE LA LUTTE INDUSTRIELLE

Solidarité : M. de Molinari. — La lutte industrielle : Frédéric Bastiat. —
Procédés d'action et morale professionnelle : M. Gustave Le Bon.
— Surproduction, théorie des débouchés, rôle de la monnaie :
J.-B. Say. — La loi de la concurrence. — L'appui des pouvoirs publics.
— Protection et libre échange. — Le rôle de l'État. — Conclusion.

Solidarité. — « ..... Cet agrandissement de la sphère
où se meuvent les produits, les capitaux et le travail,
a une conséquence morale et économique dont on n'apprécie peut-être pas encore assez toute la portée, nous
voulons parler de l'extension de la solidarité des intérêts.

« Sous l'ancien régime de la production et de
l'échange, la solidarité des intérêts demeurait confinée
dans l'intérieur des frontières de chaque nation. Elle
avait sa source à la fois dans l'échange des produits et
des services, et dans l'intérêt de la sécurité commune.
Cette solidarité n'était pas seulement restreinte, elle
était encore exclusive et même entachée d'antagonisme
à l'égard de l'étranger. Comme il n'existait entre les
membres de nations différentes que de rares relations
d'affaires, ils n'étaient point intéressés en tant que
producteurs et consommateurs, à leur prospérité mutuelle. Il leur était indifférent que les étrangers fussent
industrieux ou non, riches ou pauvres, puisque la
richesse ou la misère du dehors ne pouvait ni accroître ni diminuer la richesse ou la misère du dedans.

En tant que citoyens ou sujets, ils étaient plutôt intéressés à l'appauvrissement des nations étrangères, et
cet intérêt allait même croissant à mesure que le perfectionnement de l'outillage de la guerre exigeait
davantage le concours des capitaux et du crédit.

« Sous le nouveau régime de la production et de
l'échange, depuis que la pénétration réciproque des
produits, des capitaux et du travail a commencé à
mettre en communication et à internationaliser les
marchés auparavant isolés, la solidarité des intérêts
agricoles, industriels, financiers, ouvriers, a cessé d'être
presque exclusivement nationale, pour devenir univer-
selle. Il y a déjà, au moment où nous sommes, dans
les pays les plus avancés en industrie des millions d'individus qui dépendent de l'étranger pour les moyens
d'acquisition de leur subsistance et pour cette subsistance même, qui se trouvent ainsi intéressés à l'accroissement de la consommation de leurs clients et de la
production de leurs fournisseurs, partant, de leur
richesse[1]. »

La lutte industrielle. — « Permettez-moi d'analyser
une des expressions que je viens de citer, celle de « lutte
industrielle ». Cette expression, comme toutes celles
qui trouvent un accès facile dans l'usage, a certainement
un côté vrai. Elle n'est pas fausse, elle est incomplète.
Elle se réfère à quelques effets, et non à l'ensemble des
effets. Elle induit à penser que lorsque, dans un pays, une
industrie succombe devant la rivalité de l'industrie simi-
laire du dehors, la nation en masse en est affectée de la

---

1. De Molinari, *Précis d'Économie politique et de morale*, p. 247.
Paris, Guillaumin, éditeur.

même manière que cette industrie. Et c'est là une grande erreur, car la « lutte industrielle » diffère de la lutte militaire en ceci : Dans la lutte armée, le vaincu est soumis à un tribut, dépouillé de sa propriété, réduit en esclavage ; dans la lutte industrielle, la nation vaincue entre immédiatement en partage du fruit de la victoire. Ceci paraît étrange et semble un paradoxe ; c'est pourtant ce qui constitue la différence entre ce genre de relations humaines qu'on nomme « échanges », et cet autre genre de relations qu'on appelle « guerres ». Et, certes, on conviendra qu'il doit y avoir une dissemblance, quant aux effets, entre deux ordres d'action si différents par leur nature.

« Comment se fait-il que le résultat de la « lutte industrielle » soit de faire participer le vaincu aux avantages de la victoire ? J'expliquerai ceci par un exemple familier, trop familier peut-être pour cette enceinte, mais que je vous demande la permission de vous soumettre comme très propre à faire comprendre ma pensée.

« Dans une petite ville, la maîtresse de maison fait ce qu'on nomme le pain du ménage. Mais voici qu'un boulanger s'établit aux environs. Notre ménagère calcule qu'elle aurait plus de profit à s'adresser à l'industrie rivale. Cependant elle essaye de lutter. Elle s'efforce de mieux faire ses achats de blé, de ménager le combustible et le temps. Mais, de son côté, le boulanger fait des efforts semblables. Plus la ménagère diminue son prix de revient, plus le boulanger diminue son prix de vente, jusqu'à ce qu'enfin l'industrie du ménage succombe. Mais remarquez bien qu'elle ne succombe que parce qu'elle confère au ménage plus de profit en succombant qu'elle n'eût fait en se maintenant.

« Il en est de même quand deux nations sont en
« lutte industrielle » sur le terrain du « bon marché »;
et si les Anglais, par exemple, placés dans des conditions plus favorables, nous fournissent de la houille,
ou le Brésil du sucre, à si bas prix qu'on n'en puisse
plus faire en France, renoncer à en produire chez nous,
c'est constater précisément l'avantage supérieur que
nous trouvons à l'acheter ailleurs.

« Entre ces deux cas, il n'y a qu'une différence : dans
l'un, les qualités de producteur et de consommateur
se confondent dans la même personne, et dès lors tous
les effets de la prétendue défaite se montrent en même
temps et sont faciles à comprendre; dans l'autre, le
consommateur de la houille ou du sucre n'est pas le
même que le producteur, et il est alors aisé d'introduire dans le débat cette conclusion, qui consiste à ne
montrer le résultat de la lutte que par un côté, celui
du producteur, faisant abstraction du consommateur.
Évidemment pour ne rien négliger dans l'appréciation
du résultat général, il faut considérer la nation comme
un être collectif qui comprend l'intérêt producteur et
l'intérêt consommateur; et alors on s'apercevra que la
lutte industrielle l'affecte exactement comme elle affecte
ce ménage que j'ai cité pour exemple. C'est, dans l'un
et l'autre cas, l'acquisition par voie d'échange, choisie
de préférence à l'acquisition par voie de production
directe[1]. »

On comprendra que je m'abstienne d'ajouter aucun
commentaire à ces citations.

Nous y trouvons la démonstration d'une maxime
contraire de celle de Montaigne, savoir : «Que le dom-

1. Frédéric Bastiat, *Œuvres complètes*, t. II, p. 262. Paris, Guillaumin,
éditeur.

mage de l'un est le dommage de l'autre, et que chaque peuple est intéressé à la prospérité de tous les autres peuples ».

« Nous progressons non seulement par nos propres efforts, mais aussi par les efforts des autres », dit M. Frédéric Passy.

La croyance en l'antagonisme des intérêts est donc fausse.

Ce n'est pas le conflit des intérêts économiques qui pourrait causer des guerres dans l'avenir, c'est l'ignorance de ces intérêts. Il était utile de le faire entrevoir.

On me permettra de procéder maintenant à un rapide examen de quelques-unes des autres erreurs contenues dans la conception que se font communément les industriels de la lutte commerciale et de ses effets.

Procédés et morale professionnelle de nos concurrents étrangers. — Le fait de supposer les industriels étrangers principalement préoccupés d'enlever, par tous les moyens, la clientèle mondiale aux industriels français, ne prouve pas autre chose qu'une sorte de délire de la persécution chez ces derniers. Et l'on sait combien facilement le délire de la persécution se transforme en délire persécuteur. Aucun esprit non prévenu n'admettra, chez les étrangers, un tel mobile.

Quand on parle d'inondation de produits étrangers, veut-on dire que ces produits sont remis gratuitement aux consommateurs, ou encore que ces consommateurs ont été contraints de les acheter? Chacun de nous sait cependant fort bien que, lorsqu'il achète un produit quelconque, il ne lui vient jamais à l'esprit de s'enquérir d'abord de la provenance de l'objet en question. Ensuite, si j'achète quelque chose à un marchand, ce n'est pas pour faire plaisir au marchand, mais bien pour ma propre satisfaction, et parce que j'ai trouvé la marchandise avantageuse. Il en est de même des achats faits par une nation à une autre nation. Supposons que, pour empêcher l'inondation en France d'un produit étranger dont nous avons besoin, puisque nous l'achetons, ce produit soit frappé d'un droit de douane. Nous continuerons à acheter le produit visé, mais nous le paierons plus cher; nous serons frappés d'une amende, et nous aurons en même temps diminué par là même notre pouvoir d'achat de produits nationaux.

Remarquons, en passant, que le même résultat est obtenu lorsque des droits sont institués pour ce qu'on appelle « une juste réciprocité ».

En réalité, les industriels et commerçants étrangers doivent la supériorité qu'ils ont acquise sur certains points à leurs méthodes de travail, d'organisation et de vente. Il s'agit, pour nous, non pas de fabriquer de la camelote à bas prix, mais d'améliorer nos méthodes de fabrication et de vente, non pas de chercher à imiter nos concurrents étrangers pour la qualité des produits, quand cette qualité est inférieure à celle des nôtres, mais de chercher à imiter leur façon de procéder pour la production et l'écoulement des marchandises.

Les fabricants étrangers s'efforcent de se plier aux goûts des clientèles diverses. Pour cela, ils se procurent, au besoin, les modèles qui plaisent dans les divers pays. Ce n'est pas une raison pour les accuser gratuitement de s'appliquer surtout à copier nos modèles. Il faut seulement travailler à assurer la protection de la propriété industrielle et commerciale, l'authenticité d'origine et la sincérité des produits exposés à une concurrence déloyale. Il faut aussi savoir utiliser les droits que confèrent les conventions internationales déjà conclues. Les industriels peuvent obtenir tous renseignements utiles à ce sujet, soit à Paris, à l'Office national de la Propriété industrielle, soit à Berne, au Bureau international pour la Protection de la Propriété industrielle.

En ce qui concerne la moralité professionnelle, il m'est impossible de croire qu'elle soit moins développée à l'étranger que chez nous. En effet, comment imaginer que nos concurrents des autres nations pourraient continuer à prospérer, à augmenter leurs débouchés autant que les chiffres officiels le prouvent, s'ils mécontentaient leurs clients par leur peu de soins dans l'exécution des commandes ou dans l'emballage des marchandises, ou par leur manque de respect des engagements pris?

Je ne voudrais pas médire de mes compatriotes, mais je pense qu'il est parfois utile de se souvenir de l'histoire de la paille et de la poutre : par exemple en cette occasion.

On lit, dans le *Rapport de la Commission des Valeurs de douane pour 1905* (p. 73) : « Le peu de soins apporté au nettoyage et au triage de nos œufs jette sur ces produits une réelle défaveur, tandis que les gros œufs convenablement présentés tiennent toujours à Londres la tête du marché. »

N'y aurait-il pas une raison analogue expliquant la baisse considérable de nos exportations de beurres en Angleterre?

L'avis suivant se trouvait affiché partout, il y a quelques années, dans les gares du Sud-Est : « L'Administration des chemins de fer allemands prévient qu'elle décline toute responsabilité pour le transport des fleurs venant de France à cause de leur mauvais emballage. »

M. Gustave Le Bon, dans un ouvrage déjà cité : *Psychologie du Socialisme*, juge fort sévèrement notre morale professionnelle :

« A toutes les causes de notre décadence commerciale, dit-il (p. 270), il faut malheureusement ajouter encore les procédés peu scrupuleux de beaucoup de nos commerçants, procédés que ne connaissent que trop ceux qui ont voyagé à l'étranger. Je me souviens que, lorsque j'étais aux Indes, je fus frappé de voir sur toutes les bouteilles de bordeaux et de cognac une petite étiquette anglaise indiquant que la bouteille avait été remplie par une maison de Londres qui garantissait la pureté du produit. M'étant informé, j'appris que les grandes maisons de Bordeaux et de Cognac avaient vendu pendant longtemps des produits de qualité tellement inférieure aux commerçants anglais établis à l'étranger, que ces derniers avaient entièrement renoncé à s'adresser directement à elles et préféraient passer par l'intermédiaire de maisons anglaises achetant les produits sur les lieux. Ce fait n'étonnera pas les personnes au courant de la valeur des objets que nos négociants qualifient « articles d'exportation ».

« Cet abaissement de la qualité des produits ne s'observe pas uniquement sur ceux que nous destinons à l'étranger, mais atteint de plus en plus ceux que nous vendons chez nous, et c'est ce qui explique le succès écrasant de la concurrence étrangère. »

Après avoir cité comme exemple ce qui se passe, en France, pour les objectifs photographiques et les plaques photographiques, M. Gustave Le Bon ajoute :

« Le relâchement de la probité de nos commerçants constitue un symptôme fort grave, et qui malheureusement s'observe dans toutes les industries et ne fait que progresser. »

Je crois qu'il était bon et salutaire de donner l'opinion d'un savant tel que M. Gustave Le Bon sur notre morale professionnelle. Toutefois, je m'empresse d'ajouter que le tableau ci-dessus est, à mon avis, plus sombre que nature, et la généralisation certainement trop hâtive. Je ne doute pas, pour ma part, que ce sont là des exceptions, dont le nombre décroît chaque jour. A défaut, d'ailleurs, d'autre correctif, l'expérience se chargera bien, à elle seule, de redresser les consciences, et de faire comprendre la relation étroite existant entre la morale professionnelle et l'intérêt du producteur.

Surproduction. — Débouchés. — Monnaie. — On parle de surproduction, quand, parmi les seize cent millions d'êtres humains qui peuplent le globe, la grande majorité manquent encore d'une partie des objets de première nécessité. Naturellement, il ne s'ensuit pas qu'on doive augmenter d'une manière inconsidérée la production de tel ou tel article dont l'utilité est douteuse : il faut régler la production sur les besoins à satisfaire, par conséquent, étudier d'abord ces besoins. Si on ne le fait pas, j'admets qu'il y ait surproduction dans ce cas particulier et pour un objet déterminé.

Mais, en général, il est faux de dire qu'il y a trop de producteurs, trop de production. Et cette idée fausse provient de l'antique conception du commerce, de l'échange. On voit un marchand livrant un produit et recevant de l'argent en échange. On oublie que cet argent, le marchand va de suite le transformer en nouvelles marchandises, ou le transformer en valeurs mobilières qui fourniront les capitaux nécessaires à d'autres entreprises.

Depuis longtemps, J.-B. Say, dans sa *Théorie des Débouchés*, a établi que « les produits s'échangent contre des produits[1] ». Ce qui suit en est un résumé.

Les industriels ont coutume de dire que la difficulté n'est pas de produire, mais de vendre. Quand la vente est pénible, ils disent que *l'argent est rare*. Ils désirent une consommation active. Mais, sur les causes favorables au placement de leurs produits, le plus grand nombre n'a que des idées confuses et erronées.

L'analyse des faits, leur rapprochement, permettent de se former des idées plus sûres et d'une haute application.

« L'homme dans l'industrie qui s'applique à donner de la valeur aux choses en leur créant un usage quelconque, ne peut espérer que cette valeur sera appréciée et payée, que là où d'autres hommes auront les moyens d'en faire l'acquisition. Ces moyens, en quoi consistent-ils? En d'autres valeurs, d'autres produits, fruits de leur industrie, de leurs capitaux, de leurs terres : d'où il résulte, quoiqu'au premier aperçu cela semble un paradoxe, que c'est la production qui ouvre des débouchés aux produits. »

Il est facile de prouver à tout marchand que son acheteur n'est mis en état de le payer en argent que par des marchandises qu'il vend de son côté. Un fermier n'achètera des étoffes que si ses récoltes sont bonnes. Il en achètera dans la proportion où ses récoltes

1. J.-B. Say, *Petite Bibliothèque économique.* Paris, Guillaumin, édit.

seront bonnes. Le marchand d'étoffes n'achètera du froment et des laines au fermier qu'autant qu'il aura produit des étoffes.

« Vous prétendez que c'est de l'argent qu'il vous faut : je vous dis, moi, que ce sont d'autres produits. » En effet, cet argent, vous vous en servirez pour acheter des matières premières, ou des comestibles, etc. La monnaie d'argent qui aura servi en cette occasion ira ensuite servir au même usage entre d'autres contractants, et ensuite à d'autres encore, sans fin : de même qu'une voiture qui transporte successivement une foule de produits. « Lorsque vous ne vendez pas facilement vos produits, dites-vous que c'est parce que les acquéreurs manquent de voitures pour les emporter ? Eh bien ! l'argent n'est que la voiture de la valeur des produits. »

Si on achète maintenant en France, dans une année, une bien plus grande quantité de choses qu'on n'en achetait il y a cinq cents ans, c'est parce qu'on y produit beaucoup plus de choses et qu'on achète ces choses les unes avec les autres.

Dire que : *la vente ne va pas, parce que l'argent est rare*, c'est prendre l'effet pour la cause. On devrait dire : *la vente ne va pas, parce que les autres produits sont rares*. L'argent n'est qu'un intermédiaire dans les transactions, qu'une commune mesure.

Il est facile de se rendre compte, par la réflexion, que les *services* rendus par les médecins, les prêtres, les professeurs, etc., ne font pas le moins du monde exception à la règle.

La première conséquence de cette importante vérité, c'est que, dans tout État, plus les producteurs sont nombreux et les productions multipliées, et plus les débouchés sont faciles, variés et vastes. Dès qu'un produit est terminé, il offre un débouché à d'autres produits pour tout le montant de sa valeur. C'est pour cela qu'une bonne récolte n'est pas seulement favorable aux cultivateurs, et qu'elle l'est en même temps aux marchands de tous les autres produits. Une mauvaise récolte, au contraire, nuit à toutes les ventes. Il en est de même des récoltes faites par les arts et le commerce.

Pourquoi, alors, y a-t-il parfois un encombrement de la circulation, d'énormes quantités de marchandises qui ne peuvent trouver d'acheteurs? Parce que ces marchandises excèdent la somme des besoins qu'on a d'elles, ou parce que, plutôt, d'autres productions ont souffert. Certains produits surabondent, parce que d'autres sont venus à manquer.

Une seconde conséquence du même principe, c'est que chacun est intéressé à la prospérité de tous, et que la prospérité d'un genre d'industrie est favorable à la prospérité de tous les autres. Un homme à talent, qui végète dans un pays en déclin, trouverait mille emplois dans un pays productif. Un habile négociant, établi sans concurrent dans une ville mal peuplée, y vendrait peu, parce qu'on y produit peu. A Paris, à Londres, malgré une active concurrence, il fera d'immenses affaires.

La même relation existe entre les villes et les campagnes qui les entourent, entre une province et une autre province, une nation et une autre nation.

Une troisième conséquence de ce principe fécond, c'est que l'importation des produits étrangers est favorable à la vente des produits indigènes. Quand nous les pairions avec de l'argent, il nous aura bien fallu d'abord acheter cet argent avec des produits de notre industrie.

« Par une quatrième conséquence du même principe, la consommation pure et simple, celle qui n'a d'autre objet que de provoquer de nouveaux produits, ne contribue point à la richesse d'un pays. Elle détruit d'un côté ce qu'elle fait produire de l'autre. Pour que la consommation soit favorable, il faut qu'elle remplisse son objet essentiel, qui est de satisfaire à des besoins... »

« On voudra savoir peut-être quel serait le terme d'une production croissante où des produits, chaque jour plus considérables, s'échangeraient constamment les uns contre les autres. » L'expérience ne s'est pas encore présentée d'une nation complètement pourvue. Mais on peut étendre par la pensée à tous les produits successivement ce que nous avons observé sur quelques-uns. Au delà d'un certain point, les difficultés qui accompagnent la production s'accroissent plus rapidement et ne tardent pas à surpasser la satisfaction qui peut résulter de l'usage qu'on fait du produit.

Mais, à la vérité, le nombre des consommateurs étant borné par les denrées alimentaires, leurs autres besoins peuvent se multiplier indéfiniment, et les produits capables de les satisfaire peuvent se multiplier de même et s'échanger entre eux. Toutefois, les besoins devenant de moins en moins pressants, on conçoit que les consommateurs feraient graduellement moins de sacrifices pour les satisfaire, et il serait de plus en plus difficile de trouver dans le prix des produits une juste indemnité de leurs frais de production.

« Toujours est-il vrai, conclut J.-B. Say, que les produits se vendent d'autant mieux que les nations ont plus de besoins, et qu'elles peuvent offrir plus d'objets en échange; c'est-à-dire qu'elles sont plus généralement civilisées. »

Nous n'en sommes pas encore à l'époque où tous les hommes seront abondamment pourvus de toutes les utilités qu'ils peuvent désirer. Et nous pouvons considérer que les besoins, et par conséquent les débouchés, sont susceptibles d'un accroissement sans limites.

A peine d'un milliard, pour l'ensemble des États civilisés, au xviie siècle, le chiffre total du commerce international s'élève aujourd'hui à cent vingt-cinq milliards environ. Son ascension serait beaucoup plus considérable encore, si la circulation des produits n'était pas entravée, et leurs prix artificiellement majorés, par l'organisation anti-économique de presque toutes les nations.

Je ne citerai que pour mémoire l'accroissement de la population et l'immensité des contrées dont les ressources ne sont pas actuellement utilisées.

La spécialisation de plus en plus grande qui s'établit dans toutes les industries permet de diminuer sans cesse le prix de revient et de vendre chaque objet meilleur marché avec un profit total plus élevé pour tous ceux qui coopèrent à la production. Il en résulte une amélioration générale de bien-être et un accroissement continu du pouvoir de consommation de chacun. Il en résulte aussi une augmentation de valeur des capitaux fixes, et une augmentation de la valeur de l'homme, lui-même capital fixe.

Concurrence. — Il est coutume d'accuser la concurrence de beaucoup de maux, de prétendre qu'elle représente l'instabilité et le désordre, de la qualifier d'anar-

chie économique. On oublie qu'il est impossible
d'éliminer la concurrence de la vie des sociétés.

« L'homme obéit, comme toutes les autres créatures,
dit M. de Molinari dans l'*Évolution du Protectionnisme*[1], à la loi de l'économie des forces ou du moindre
effort. Sous l'impulsion de cette loi naturelle, il invente
des outils, des machines et découvre des procédés qui
lui procurent, en échange de la même somme de travail, une quantité croissante de produits. Sous l'impulsion de la même loi, il localise ses industries dans
les régions où le sol, le climat et les autres agents ou
matériaux nécessaires à la production lui permettent
de réduire au minimum sa dépense de forces produc-
tives.

« Cependant l'invention des outils et des machines,
la découverte des procédés qui économisent le travail,
aussi bien que la recherche des localités les mieux
adaptées à chaque industrie, exigent un surcroît
d'effort et de peine que la perspective incertaine d'une
épargne de travail ou d'une augmentation de profit ne
suffirait pas à susciter, si une autre loi naturelle, la
concurrence, n'intervenait pas pour l'imposer.

« Sous sa forme économique, la concurrence est née
de la division du travail et de l'échange. Les hommes
ont commencé par produire eux-mêmes, comme les
animaux inférieurs, individuellement ou par association, toutes les choses nécessaires à leur subsistance.
Mais, parmi ces choses, il en est qui demandent aux
uns une forte dépense de travail, une moindre dépense
aux autres, et réciproquement. En les échangeant, ils
réalisent, les uns et les autres, une économie de travail

1. *Journal des Économistes*, du 15 décembre 1903.

et de peine, et cette économie va croissant à mesure
que la division du travail et les progrès dont elle est
la source réduisent la somme d'efforts et de peines que
coûte un produit. Mais, avec la division du travail et
l'échange, apparaît la concurrence. Dès que le travail
se divise, dès que les hommes cessent de produire
eux-mêmes les choses qu'ils consomment, dès qu'ils se
bornent à créer un produit ou à coopérer à sa création, non plus en vue de le consommer, mais en vue
de l'échanger, ils se font concurrence pour l'offrir. Qui
l'emportera dans cette lutte? Les plus forts, ceux qui
produisent à meilleur marché.

« La concurrence apparaît ainsi comme la sanction
de la loi de l'économie des forces. Elle oblige les producteurs à s'ingénier à réduire leurs frais de production,
en employant le personnel le plus capable, l'outillage
le plus perfectionné et en établissant leurs entreprises
dans les régions et les localités les mieux appropriées
à la nature de leur industrie, en un mot, en réalisant
tous les progrès qui rendent plus fort, sous peine de
ne pouvoir échanger leurs produits dans un état de la
production où l'échange est devenu, de plus en plus,
le mode d'acquisition des matériaux de la vie. Elle
élimine ainsi le *caput mortuum* des retardataires.

« Les lois de l'économie des forces et de la concurrence sont les moteurs des progrès de l'industrie humaine. »

Dans les vieilles organisations sociales, la concurrence était politique et guerrière. Elle a conservé cette
forme jusque tout récemment. Les hommes d'État
croyaient qu'un peuple doit détruire ses concurrents
pour augmenter sa richesse. Ce préjugé n'a pas encore
complètement disparu de la politique extérieure ni de

la politique intérieure de la plupart des peuples.

Dans un régime de concurrence économique, la seule préoccupation du producteur est de *chercher à satisfaire les besoins des autres*. Il ne pourra satisfaire les siens qu'après avoir obtenu ce résultat. Le métier du producteur et du marchand les oblige à l'*altruisme obligatoire*. La concurrence économique élève à leur plus haut degré les facultés d'initiative, de décision et de perception de l'individu.

De même que, dans les civilisations basées sur l'exploitation des gouvernés par les gouvernants, du vaincu par le vainqueur, le grand ressort moral a été la concurrence guerrière, de même, dans les civilisations basées sur la science, la production et l'échange, le grand ressort moral est la concurrence économique[1].

L'appui des pouvoirs publics. — L'État! Mot magique, évocateur d'une puissance mystérieuse, d'un être immatériel et indéfinissable, infaillible, omniscient, disposant de ressources immenses, d'un pouvoir illimité, lui permettant de créer à son gré richesse, bonheur et fraternité! Voilà la conception de l'État d'après laquelle est établie, aujourd'hui, notre législation. Je n'exagère pas ; pour s'en convaincre, chacun n'a qu'à lire les journaux, les professions de foi, et suivre les débats du Parlement.

C'est le culte irraisonné de l'État, — ou de la Société, comme on voudra l'appeler, — qui dicte les principes (?) de l'organisation de nations au XXᵉ siècle. C'est la manifestation d'une survivance, d'un besoin de croire au

1. Voir le *Dictionnaire du Commerce, de l'Industrie et de la Banque*. Paris, Guillaumin, édit.

miracle, de l'habitude de la prière, qui constituent de nos jours le fondement des théories qu'on appelle si inexactement « avancées ». Espérons que les sciences sociales détruiront avant longtemps ce dernier fétiche, comme les sciences biologiques ont détruit les autres.

Quand les industriels demandent protection à l'État, ils ne font pas d'autre besogne que celle que je viens de définir. Protectionnistes et socialistes n'ont en vue que de substituer l'action de l'État, l'action du gouvernement, à l'action de l'individu. Ils n'ont, les uns et les autres, aucune confiance dans l'aptitude de l'individu à juger ce qui lui est le plus utile, et ils ont un désir ardent, passionné même, de charger le Gouvernement et le Parlement de ce soin : le Gouvernement et le Parlement, c'est-à-dire une réunion d'individus auxquels le pouvoir ne peut donner ni l'infaillibilité, ni l'omniscience, une réunion d'individus qui additionnent surtout leurs bonnes intentions, qui légifèrent sous la pression des préjugés populaires, et ne constituent jamais qu'une foule psychologique où la raison et la science jouent un rôle moins que secondaire.

Comment peut-on soutenir sérieusement que le gouvernement, simple délégation de citoyens déclarés individuellement incapables, soit infaillible ? Cependant, non seulement on soutient cette énormité, mais elle représente la croyance de la majorité des citoyens. Un organisme ne peut être sain et vigoureux que si chacune des millions de cellules qui le composent est saine, vigoureuse, et fonctionne librement. Les citoyens ne sont-ils pas les cellules de cet organisme qu'on appelle une nation ?

On s'expliquerait, à la rigueur, la foi dans l'État manifestée par les protectionnistes et par les socialistes, si l'on pouvait citer des conséquences heureuses de l'intervention des pouvoirs publics dans les affaires privées des citoyens. Cela ne constituerait nullement une preuve de la nécessité d'une telle intervention ; le mal serait limité, voilà tout.

Mais, qu'on examine les résultats obtenus dans un domaine quelconq de l'activité humaine, dans un pays quelconque, e.   époque quelconque, on ne rencontrera qu'infécondité et dommages. Faut-il rappeler, une fois de plus, que l'Université n'a su donner qu'une instruction purement livresque, n'a su fournir que des *inadaptés* et des candidats fonctionnaires ; — que les primes à la marine marchande n'ont nullement doté la France d'une marine marchande ; — que les Postes, les Télégraphes et les Téléphones ne se résignent à diminuer leurs défectuosités qu'après avoir épuisé toutes les arguties administratives et toute la patience des administrés, et encore ! — que les ateliers nationaux fournissent des marchandises plus chères et moins bonnes que l'industrie privée ; — que le prix de revient des allumettes en France est plus élevé que le prix de vente des fabriques particulières de l'étranger, etc., etc?

Faut-il parler de la manière de faire des administrations diverses ? Est-il un seul citoyen sur tout le territoire qui, ayant eu des relations avec l'*Administration*, ait gardé de ces relations un souvenir agréable ? Quand, récemment, nous avons eu des raisons de craindre une guerre, n'a-t-il pas fallu plusieurs mois d'un travail fiévreux et une dépense extraordinaire de plusieurs centaines de millions pour nous mettre en état de défense, — alors que nous donnons tous les ans plus d'un milliard aux administrations de la Guerre et de la Marine dans le but d'assurer notre sécurité extérieure ? On pourrait en dire autant des autres administrations ; chacun le sait, le constate, et je ne m'étendrai pas à ce sujet.

Toutefois, il est bon, en ce moment où on discute au Parlement le rachat des chemins de fer, de rappeler que nulle part l'exploitation des chemins de fer par l'État n'a donné de résultats favorables. On lit, dans *la Liberté* du 16 février 1907 :

« Le désarroi constaté, à la fin de l'année dernière, dans l'exploitation des chemins de fer italiens, continue.

« On écrit d'Ambérieu au *Lyon Républicain :*

« Par suite de l'arrêt presque total des wagons char« gés pour l'Italie, la gare d'Ambérieu se trouve dans « une situation des plus embarrassées ; elle a environ « 250 véhicules qu'elle ne peut expédier et qui encom« brent ses voies, rendant le mouvement et les ma« nœuvres difficiles.

« Actuellement, il y a environ 2.500 à 3.000 wa« gons à destination de l'Italie arrêtés un peu partout.

« La suspension partielle du trafic en Lombardie a « créé un état de crise qui risque de ruiner certaines « industries. Le charbon est extrêmement rare à Milan, « et la Société Edison a publié, hier, un communiqué « disant que la force motrice va lui faire défaut et que, « si l'Administration ne prend pas des mesures pour as« surer l'arrivée des trains qui, de Gênes, apportent le « charbon à Milan, elle sera forcée de fermer ses usines.

« Les écoles ne sont plus chauffées. Le conseil mu« nicipal a décidé de fermer les écoles publiques si le « gouvernement ne fait pas de suite le nécessaire pour « rétablir le trafic.

« On annonce la fermeture de plusieurs usines dans
« les environs de Milan.

« Pendant ce temps, le charbon surabonde dans le
« port de Gênes, mais on n'arrive pas à l'évacuer sur
« l'intérieur. »

« Telles sont les conséquences navrantes de l'exploitation des chemins de fer par l'État. »

D'autre part, le journal l'*Union des Syndicats de
France*, numéro du 15 février 1907, publie ce qui suit
sur la même question :

« Nous croyons devoir indiquer, pour les partisans
du rachat, de nouveaux arguments contre l'exploitation des chemins de fer par l'État.

« L'ordre spécial ci-dessous était adressé récemment
par le service de l'exploitation des chemins de fer de
l'État belge aux gares de son réseau :

« Bruxelles, le 29 janvier 1907.

« Par suite de l'affluence extraordinaire de trans-
ports, l'acceptation des marchandises P. V. (charges
complètes) à diriger par les frontières de Sterpenich,
Athus, Renonchamps et Lamorteau est suspendue
pendant quarante-huit heures, à partir du 30 courant.

« Cette mesure sera portée par les stations à la connaissance du public. »

Sans commentaires !
Et il ne s'agit pas de grandes lignes.
Quelles facilités pour le commerce !

*_**

Chemins de fer de l'État italien

Sur les chemins de fer de l'État italien, la situation est encore pire ; les députés de tous les partis réclament des mesures énergiques contre la désorganisation, et ce déplorable état de choses a été aggravé durant ces derniers jours de grand froid, les trains ne circulant pas. Ainsi il n'y avait pas de charbon à Milan quand il y en avait un demi-million de tonnes à Gênes, et plusieurs fabriques ont été obligées de fermer.

Le Sous-Secrétaire d'État, M. Facta, a mis trois jours pour venir du Piémont à Rome.

Et ce n'est pas encore tout. Le personnel étant insuffisant, les employés surmenés ne trouvent pas le temps d'être polis. Le correspondant du *Daily Telegraph* télégraphie :

« Il n'y a pas longtemps, un employé de chemin de fer me provoqua en duel parce que j'avais fait des remarques au sujet du manque de politesse des employés. Aujourd'hui même, M. Giolitti reconnaît ce manque d'égards de la part des employés de chemins de fer. »

*
* *

La désorganisation des chemins de fer de l'État

Rome, 10 février.

« Hier, la désorganisation des chemins de fer italiens a causé un violent débat à la Chambre. Quelques députés ont attaqué le Gouvernement au sujet du manque de chauffage dans les voitures et aussi des nombreux retards. Certains ont dit que c'était peut-être une bonne chose qu'un Sous-Secrétaire d'État eût été prisonnier pendant trois jours entre Turin et Rome, trajet que les trains accomplissent ordinairement en quatorze heures.

« Un député du parti gouvernemental a dit que le Cabinet devrait se retirer si ce chaos continuait encore pendant plus de quinze jours. »

Daily Telegraph.

.·.

Les chemins de fer de l'État en Hongrie

« On mande de Budapest que l'admission des marchandises sur les chemins de fer de l'État, qui était suspendue, sauf quelques exceptions, *depuis le* 30 *janvier,* a été reprise... depuis le 8 février. Neuf jours d'interruption de service !

« On voit que les chemins de fer de l'État en Hongrie ne marchent pas mieux que les chemins de fer de l'État en Belgique ou en Italie, dont nous signalions, ces jours-ci, l'insuffisance excessive. »

Comment pourrait-il en être autrement, comment des organismes soustraits à l'action de la loi naturelle de la concurrence pourraient-ils ne pas perdre toute initiative, puisque seule existe pour eux la loi de l'économie de l'effort ? Lors même qu'il se trouverait, à la tête d'une administration, un homme d'initiative, les efforts de cet homme se briseront infailliblement contre la force d'inertie qui l'environne.

Quand les pouvoirs publics interviennent dans la vie économique d'un pays, ils restreignent ou suppriment la concurrence économique ; mais la concurrence ne disparaît pas, elle devient politique. Alors la lutte politique, au lieu d'avoir pour but les intérêts généraux du pays, représente la lutte des intérêts particuliers contre les intérêts généraux. En France, dans le Parlement, des coalitions de producteurs se forment à tout instant contre l'intérêt du consommateur et du contribuable, pour obtenir des droits protecteurs ou des primes.

Mais, sous l'influence de l'esprit de monopole, de l'égoïsme, de l'esprit mendiant, de la peur de la lutte pour la vie, des appels à l'État s'élèvent de toutes les classes de la société. Tout le monde veut être protégé, tout le monde demande l'intervention de l'État en sa faveur, et personne ne se trouve jamais assez protégé. Chacun tire à soi la couverture, fait agir les influences dont il dispose, et le résultat n'est toujours que déceptions et qu'appauvrissement.

Naturellement, de temps à autre, on s'aperçoit qu'une prétendue grande réforme, qu'une nouvelle attribution de l'État, produit un résultat tout à fait contraire à celui qu'on en attendait. Alors, il y a des colères, des mouvements d'opinion. On renverse le gouvernement : s'il n'a pas donné bonheur et richesse à tous, c'est en effet qu'il y a mis de la mauvaise volonté, puisqu'il a le pouvoir de décréter le bien de tous.

Protection. — Libre échange. — Pour ce qui concerne les échanges internationaux de la France, je pense que certains chiffres seront la meilleure preuve qu'on puisse donner de la néfaste influence de l'État, des conséquences réelles de la protection prétendue accordée à l'industrie nationale par des tarifs de douane à tendance prohibitionniste.

Il y a, dans l'histoire de notre commerce extérieur, trois dates particulièrement importantes à ce sujet : 1860, date de l'inauguration de traités de commerce relativement libéraux ; 1881, date qui marque une réaction économique, un relèvement des droits et la transformation des tarifs *ad valorem* en tarifs spécifiques ; et 1892, date qui marque la rupture des traités de commerce et une aggravation notable des droits.

En prenant les moyennes annuelles des périodes quinquennales depuis 1855 jusqu'en 1905, nous pourrons évidemment apercevoir clairement quelles ont été les conséquences des diverses politiques suivies. Nous écarterons la période 1865-1875, parce qu'elle a été troublée par la guerre.

MOYENNE ANNUELLE

ANNÉES	IMPORTATIONS	EXPORTATIONS	TOTAL
	Millions de francs	Millions de francs	Millions de francs
1855-1859........	1.732	1.894	3.626
1861-1865........	2.447	2.564	5.011
1876-1880........	4.292	3.375	7.667
1882-1886........	4.453	3.319	7.772
1887-1891........	4.414	3.504	7.918
1892-1896........	3.882	3.310	7.192
1897-1901........	4.402	3.876	8.278
1902-1905 (4 ans).	4.618	4.455	9.073

J'appelle l'attention sur le développement commercial qui a suivi les traités de commerce libéraux de 1860. Les 3.626 millions, moyenne annuelle 1855-1859, deviennent 5.011 millions en 1861-1865. Mieux, en 1876-1880, malgré la perte de l'Alsace et de la Lorraine, malgré les charges de la guerre, la moyenne passe à 7.667 millions.

Il y a quand même encore, en France, beaucoup de personnes qui prétendent que les traités de commerce de 1860 ont ruiné notre pays.

Arrive la réaction de 1881 : notre commerce est arrêté dans son développement. Il commence à reprendre un peu, par suite de l'accroissement des besoins dans tous les pays, lorsque surviennent les tarifs de 1892. Ce n'est plus de la stagnation qui s'ensuit, c'est une diminution : la moyenne 1892-1896 est inférieure même à la moyenne 1876-1880.

Si ensuite notre commerce recommence sa marche en avant, c'est malgré les tarifs et c'est grâce au développement de la richesse de nos principaux clients[1].

Nous constatons ainsi les résultats désastreux de la politique protectionniste. Ceux qui exigent qu'on leur mette des chiffres sous les yeux si on veut les convaincre, seront, je l'espère, convaincus.

Ce que nous ne pouvons pas constater, ni évaluer, c'est le nombre de milliards de francs d'affaires que la politique protectionniste a fait perdre à la France en vingt-cinq ans, de 1881 à 1905. Tout ce que nous pouvons affirmer, c'est que la perte subie *correspond à plusieurs années de notre commerce extérieur.*

La protection n'est pas seulement néfaste dans ses effets ; elle n'est pas seulement une charge pour ceux mêmes qui la sollicitent comme aide, elle est souverainement injuste dans son principe. Elle est un privilège, car, en élevant artificiellement le prix des produits, elle perpétue l'impôt féodal au profit d'un

---

1. Voir la *Revue du Commerce, de l'Industrie et de la Banque* du 31 décembre 1906.

nombre infime de gros industriels et de gros propriétaires. Elle est la négation de ce principe : on ne doit d'impôt qu'à l'État.

Les primes, encouragements, etc., donnés à certaines industries, ont les mêmes défauts. L'État n'a d'autres ressources que celles que lui fournissent les contribuables. Ce qu'il donne à Pierre, il lui faut le prendre à Jacques, avec cette réserve que, pendant le transfert, une partie de la somme prélevée reste entre les mains d'oisifs économiques, de plus en plus nombreux, qui ne rendent rien de ce qu'ils dévorent. C'est possible, dit-on, mais enfin il faut bien faire quelque chose pour protéger notre industrie nationale. Quand on entend ce raisonnement, on peut prédire à coup sûr l'approche d'une bêtise.

Le fait qu'une industrie qui ne pourrait vivre dans le régime de libre concurrence est conservée dans un pays grâce à des droits protecteurs représente-t-il un accroissement de richesse? Pas le moins du monde : il n'y a pas création de capitaux, il y a simplement un déplacement de capitaux, auxquels la loi imprime une direction artificielle au lieu de la direction qu'ils auraient prise naturellement. On favorise ainsi une industrie factice aux dépens d'industries viables.

Les industriels ne semblent pas apercevoir comment les droits protecteurs augmentent leurs prix de revient, en leur faisant payer plus cher les machines, les outils, les matières premières, en élevant le chiffre de leurs dépenses particulières et de celles de leurs employés et ouvriers, et comment il en résulte pour eux une infériorité pour la vente à l'étranger.

Cette infériorité sur les marchés extérieurs ne saurait être compensée par le droit de douane spécial qui protège, en France, leurs produits contre la concurrence étrangère.

En résumé, nous en sommes encore au temps de Colbert. Nous retardons de plusieurs siècles, et je ne saurais mieux terminer cet aperçu sur l'intervention de l'État qu'en rappelant ces paroles de Turgot :

« Ils ne voient pas que toutes ces associations de gens du même métier ne manquent pas de s'autoriser des mêmes prétextes, pour obtenir du gouvernement séduit la même exclusion des étrangers ; ils ne voient pas que dans cet équilibre de vexation et d'injustice entre tous les genres d'industrie, où les artisans et les marchands de chaque espèce oppriment comme vendeurs et sont opprimés comme acheteurs, il n'y a profit pour aucune partie ; mais qu'il y a une perte réelle pour la totalité du commerce national, ou plutôt pour l'État qui, achetant moins à l'étranger, lui vend moins aussi.

« La liberté générale d'acheter et de vendre est le seul moyen d'assurer d'un côté, au vendeur, un prix capable d'encourager la production ; de l'autre, au consommateur, la meilleure marchandise au plus bas prix ; ce n'est pas que, dans certains cas particuliers, il ne puisse y avoir un marchand fripon et un consommateur dupe... Mais vouloir que le gouvernement soit obligé d'empêcher qu'une pareille fraude n'arrive jamais, c'est vouloir l'obliger de fournir des bourrelets à tous les enfants qui pourraient tomber... »

Colbert lui-même, l'homme le plus apte à substituer l'action de l'État à l'initiative individuelle, l'homme des prohibitions et des règlements, a condamné son propre système en disant :

« Les marchands ne s'appliquent jamais à surmonter, par leur propre industrie, les difficultés qu'ils rencontrent dans le commerce, tant qu'ils espèrent trouver des moyens plus faciles par l'autorité du roi. »

Le protectionnisme est un dogme, dont la puissance atteint actuellement son maximum. Il ne résiste pas à l'examen, mais, comme toutes les idolâtries, il trouve en cela même la plus grande partie de sa force. Cependant, comme Bastiat, je soutiens qu'avec le libre échange et avec l'entrelacement des intérêts en résultant, nous n'aurions plus besoin, pour maintenir notre indépendance, de transformer cinq cent mille travailleurs en cinq cent mille soldats. Quand chaque peuple sera libre d'aller partout librement commercer, sans privilège pour aucun peuple, quel intérêt aurions-nous à nous arracher des colonies et des débouchés ouverts à tout le monde ?

Quand l'opinion publique sanctionnera le libre échange, la dernière heure des agressions violentes aura sonné, car la plus efficace des fortifications, la meilleure des armées, c'est le libre échange, qui fait plus que repousser la guerre, qui la prévient ; qui fait mieux que vaincre un ennemi, qui en fait un ami.

Rôle de l'État. — Dans notre civilisation, où l'homme s'appartient lui-même de plus en plus, où l'homme est de plus en plus dégagé de la chose, l'État doit cesser de *gouverner les hommes* pour *administrer les choses*. Il ne doit rien entreprendre de ce que peuvent faire les particuliers, mais, au contraire, se borner à gérer certains intérêts communs et indivis :

Sécurité extérieure (armée, marine, diplomatie) ;

Sécurité intérieure (administration, justice, police) ;

Augmentation de la production du capital national

(instruction, travaux publics, laboratoires de recherches et missions d'intérêt général).

Son action, loin de s'étendre, doit se restreindre de plus en plus, et tendre à réaliser cette formule : l'État a pour devoir d'assurer la *liberté du milieu*. L'évolution du rôle de l'État doit s'accomplir dans ce sens au fur et à mesure que les citoyens se débarrassent des vieux préjugés, acquièrent plus de savoir, de méthode et d'initiative, au fur et à mesure qu'ils savent mieux se gouverner eux-mêmes, grâce à une discipline interne sévère, à l'amour de la lutte dans la liberté et la justice et à un sentiment très vif de la responsabilité.

« La liberté, a dit Lamartine, fera aux hommes une justice que l'arbitraire ne saurait leur faire. »

Ou les industriels reconnaîtront bientôt que leur intérêt se confond avec l'intérêt général du public consommateur, repousseront des privilèges qui ne sont, en réalité, que des charges et des entraves, — et se feront les champions de la liberté et de la justice;

Ou ils succomberont écrasés comme dans un étau entre le protectionnisme et le socialisme, ces deux aspects d'une même erreur.

RÉSUMÉ ET CONCLUSION
DE LA PREMIÈRE PARTIE

Ce qui résulte de l'étude précédente. — La qualité des principes
directeurs. — Le progrès de la France et le progrès général

En résumé, l'étude attentive de la question des
échanges internationaux établit, à mon avis, les points
suivants :

1° La lutte industrielle est une question vitale,
dont nul ne doit se désintéresser. Elle est inévitable,
mais ses effets sont toujours exactement contraires à
ceux de la lutte militaire. Les intérêts des diverses nations sont étroitement solidaires ;

2° Il est indispensable de connaître la nature et les
effets de la lutte industrielle pour tous ceux qui ont à
y prendre part. C'est seulement ainsi qu'ils pourront
se créer une méthode d'action rationnelle et adéquate
aux conditions du milieu ;

3° Les industriels et commerçants doivent observer
une scrupuleuse morale professionnelle ;

4° Les produits s'échangent contre des produits. C'est
la production qui offre des débouchés aux produits. La
monnaie ne constitue pas la richesse ; elle n'est qu'un
intermédiaire, qu'un véhicule des valeurs ;

5° Les débouchés, comme les besoins, sont susceptibles d'un accroissement pour ainsi dire illimité ;

6° La concurrence est une loi naturelle, qui apparaît

comme une sanction de la loi de l'économie de l'effort. Ces deux lois sont les moteurs des progrès de l'industrie humaine ;

7° La politique démocratique logique, c'est la politique de liberté politique et économique. Elle seule peut assurer la défense de l'intérêt du plus grand nombre et la prospérité de tous. Loin d'être augmentées, les attributions de l'État doivent être réduites au minimum, de même que le nombre des fonctionnaires et le montant des frais généraux de la nation ;

8° Le développement du commerce extérieur de la France dépend de l'instruction et de l'action méthodique de chaque industriel, et non pas d'un soutien ou d'encouragements illusoires et illégitimes de la part des pouvoirs publics.

Comme je l'ai indiqué au début de cette étude, je n'ai eu ni l'intention, ni la prétention, d'exposer complètement les théories qui me semblent procéder de la science économique.

J'ai voulu simplement, je le répète, montrer les contradictions des théories généralement acceptées avec les actes journaliers de ceux qui les soutiennent, et faire entrevoir aux esprits non prévenus des principes différents, une méthode nouvelle, procédant, non d'impressions subjectives, mais de l'observation attentive des faits.

Personne ne peut nier l'importance des principes directeurs de la conduite de toutes choses. Dans la question générale qui nous occupe, dans la question du développement économique de la France, il m'a semblé qu'on ne pouvait passer sous silence les causes profondes d'un état de choses que nous trouvons médiocre, parce que c'est surtout dans la modification de ces causes que réside le vrai remède.

La connaissance de la nature bienfaisante et pacifique de la lutte industrielle, le sentiment de la solidarité qui unit toutes les nations, me met beaucoup plus à l'aise pour poursuivre mon étude. En travaillant au développement du commerce extérieur de la France, je suis heureux d'éprouver l'intime satisfaction de travailler du même coup au progrès des autres peuples.

Examinons maintenant quels enseignements d'ordre général on peut tirer d'une étude comparative de la situation économique de la France et de ses principaux concurrents.

DEUXIÈME PARTIE

INSUFFISANCE DU DÉVELOPPEMENT DU COMMERCE EXTÉRIEUR DE LA FRANCE ET NÉCESSITÉ DE L'ACCROITRE

CHAPITRE I

COMMERCE EXTÉRIEUR DES PRINCIPALES NATIONS

Commerce extérieur de 21 nations, de 1896 à 1905. — Pourcentage de l'accroissement du commerce de ces 21 nations. — Comparaison. — Nos principaux clients et nos principaux fournisseurs.

J'extrais les chiffres suivants du *Rapport annuel pour 1905* du Président de la Commission permanente des valeurs de douane (M. A. Picard) :

---

1. Chiffres officiels. — Rapport publié en supplément au *Moniteur officiel du commerce*, du 27 septembre 1906.

PAYS	1896	1897	1893	1899	1900	1901	1902	1903	1904	1905
Angleterre (commerce général)..	18.617,4	18.793,9	19.279,6	20.541,7	22.130,6	21.938,8	22,133,0	22.773,7	23.252,8	24.541,6
Allemagne (commerce spécial)...	9.672,9	10.269,9	10.913,9	11.967,2	12.815,6	12.168,0	12.731,4	13.606,3	14.309,6	15.209,5[1]
Etats-Unis (comm. spc.).........	8.406,6	9.433,9	9.311,0	9.786,6	11.402,7	11.749,7	11.682,5	12.433,0	12.520,0	13.358,2
France (comm. spc.)............	7.199,5	7.553,9	7.983,5	8.670,9	8.806,5	8.382,1	8.646,2	9.053,4	8.953,3	9.645,8
Pays-Bas comm. spc.)...........	6.191,3	6.634,8	6.897,8	7.288,7	7.630,2	7.875,4	8.334,4	8.808,4	9.175,8	»
Indes Anglaises (comm. gén.)....	2.905,4	3.018,9	3.205,4	3.533,3	3.586,3	3.823,4	4.431,0	4.206,7[1]	5.091,9	»
Belgique (comm. spc.)...........	3.244,6	3.444,4	3.831,7	4.209,5	4.138,7	4.049,2	4.306,2	4.766,7	4.965,5	»
Autriche-Hongrie (comm. spc.)..	3.107,6	3.195,1	3.417,6	3.644,0	3.820,3	3.715,0	3.815,6	4.207,3	4.343,4[1]	4.542,3
Russie (comm. spc.).............	3.196,0	3.430,1	3.599,7	3 405,8	3.579,9	3.612,4	3.890.8	4.486,6	»	»
Italie (comm. spc.).............	2.232,3	2.283,3	2.616,9	2.938,0	3.038,4	3.093,0	3.248,1	3.379,4	3.510,9[1]	3.785,0
Confédérat. Australienne (c. gén.).	2.847,3	3.023,9	3.240,8	3.548,5	3.583,7	3.609,0	3.492.9	3.659,4	»	»
Républ. Argentine (comm. spc.).	1.145,0	997,5	1.206,0	1.509,0	1.340,5	1.408,5	1.442,5	1.761,0	2.257,5[1]	2.640,0
Suisse (comm. spc.).............	1.682,0	1.720,4	1.789,1	1.955,9	1.947,2	1.886,6	2.002,8	2.084,7	2.431,6[1]	2.328,5
Canada (comm. spc.)	1.114,2	1.192,4	1.402,7	1.485,4	1.769,0	1.839,4	2.033,3	2.275,4	2.289,5[1]	2.292,2
Japon (comm. spc.).............	780,1	982,2	1.135,7	1.117,4	1.255,9	1.302,7	1.359,7	1.554,7	1.771,2	2.079,5
Espagne (comm. gén.)...........	1.932,8	1.984,4	1.642,3	1.909,8	1.822,5	1.738,9	1.772,2	1 921,0	1.912,1	1.878.7
Chine (comm. spc.).............	1.401,5	1.366,3	1.385,9	1.745,3	1.443,4	1.633,8	1.737,1	1.807,3	»	»
Colonie du Cap (comm. gén.)....	902,8	1.001,3	1.059,3	1.081,9	701,1	880,2	1.303,9	1.523,3	»	»
Suède (comm. gén.).............	970,4	1.064,6	1.111,4	1.198,7	1.286,5	1.438,7	1.246,7	1.356,4	1.379,5	»
Danemark (comm. spc.).........	777,1	790,9	841,5	936,5	969,7	954,9	1.044,2	1.105,5	1.145,5	»
Egypte (comm. spc.)............	597,8	594,3	592,0	694,5	800,4	802,8	831,8	940,7	1.072,3[1]	1.086,6

1. Chiffres sujets à rectification.

POURCENTAGE DE L'ACCROISSEMENT DU COMMERCE EXTÉRIEUR
DES PRINCIPAUX PAYS DEPUIS 1896

Le pourcentage suivant est calculé en prenant pour termes de comparaison, d'une part, le chiffre de 1896, d'autre part, le chiffre le plus récent connu (1905, 1904 ou 1903, suivant les pays) :

	Pour 100
Angleterre	31,7
Allemagne	58,3
États-Unis	58,3
France	33,3
Pays-Bas	46,7
Indes anglaises	75,8
Belgique	53,1
Autriche-Hongrie	45,1
Russie	40,6
Italie	69,5
Confédération Australienne	28,5
République Argentine	136,3
Suisse	38
Canada	109
Japon	185,7
Espagne	0
Chine	28,5
Colonie du Cap	66,6
Suède	41,4
Danemark	57,1
Égypte	81,9

Il apparaît de la comparaison des chiffres ci-dessus :

1° Que les trois nations qui nous précèdent ont pris sur nous une avance considérable, et que celles qui nous suivent se rapprochent rapidement.

2° Que l'accroissement du chiffre du commerce extérieur de la France (33,3 0/0) est le plus faible après ceux de l'Espagne (0 0/0), de la Chine (28,5 0/0), de

la Confédération Australienne (28,5 0/0) et de l'Angleterre (31,7 0/0).

En mettant à part l'Angleterre dont le chiffre formidable du commerce extérieur ne peut évidemment
suivre une progression plus rapide en raison de son
importance même, la marche de toutes les nations, sauf
trois — dont l'Espagne et la Chine ! — est très sensiblement plus active que celle de la France.

L'accroissement moyen, pour les vingt et une nations
figurant ci-contre, ressort à 61,3 0/0.

Donc, non seulement la France se développe moins
que la presque totalité des nations civilisées, mais
encore son développement est inférieur de 28 0/0 à
la moyenne.

C'est énorme, et la situation doit être envisagée
sérieusement. Ce n'est nullement la preuve, toutefois,
que la France manque des ressources nécessaires pour
se développer davantage.

NOS PRINCIPAUX CLIENTS ET NOS PRINCIPAUX FOURNISSEURS

A titre de renseignements complémentaires, voici le
montant de nos ventes chez les sept clients qui nous
achètent annuellement plus de 100 millions de marchandises :

PAYS	1903	1904	1905
	Millions de francs	Millions de francs	Millions de francs
Angleterre........	1.102	1.214	1.256
Belgique..........	630	677	763
Allemagne........	312	555	628
Suisse............	240	253	302
États-Unis.......	254	250	204
Italie.............	171	100	212
Espagne..........	122	110	111

La part de l'Angleterre est de 25 0/0 du chiffre total de nos exportations.

La part des sept pays ci-dessus est de 73 0/0, soit près des trois quarts de nos exportations.

Nos ventes sont loin d'avoir progressé dans la même proportion que les chiffres des importations totales de nos sept principaux clients. Cela peut nous laisser l'espoir d'affaires plus importantes.

Voici maintenant les sept pays auxquels nous avons acheté pour plus de 200 millions, dans les trois années 1903-1905 :

PAYS	1903	1904	1905
	Millions de francs	Millions de francs	Millions de francs
Angleterre	555	523	592
États-Unis	530	482	512
Allemagne	444	428	477
Belgique	325	306	312
Russie	301	213	274
République Argentine	271	252	259
Indes anglaises	244	232	245

Viennent ensuite : l'Espagne, 180 millions; l'Italie, 108 millions; la Suisse, 108 millions.

CHAPITRE II

BALANCE DU COMMERCE

Importations et exportations. — La Balance du Commerce défavorable
aux pays prospères. — Erreur tenace. — La démonstration de Bastiat.
— La Balance Économique.

Le rapport de M. A. Picard que je viens de citer
contient d'autres chiffres intéressants. Il indique sépa-
rément les chiffres des importations et des exportations
de chaque nation :

PAYS	1896	1900	1904	1905
VALEURS EN MILLIONS DE FRANCS				
Angleterre :				
Importations....	11.142,2	13.102,6	13.896,2	14.256,0
Exportations....	7.475,2	8.938,0	9.356,6	10.284,7
Allemagne :				
Importations....	5.319,4	7.120,5	7.859,7	8.311,5
Exportations....	4.353,5	5.605,1	6.449,9	6.808,0
États-Unis :				
Importations....	3.035,2	4.302,0	5.085,7	5.631,2
Exportations....	4.471,4	7.100,7	7.434,3	7.727,0
France :				
Importations....	3.708,6	4.607,8	4.502,3	4.778,0
Exportations....	3.400,9	4.108,7	4.451,0	4.866,9
Pays-Bas :				
Importations....	3.405,5	4.098,0	5.030,8	»
Exportations....	2.785,8	3.531,0	4.136,0	»
Belgique :				
Importations....	1.776,7	2.215,8	2.782,2	»
Exportations....	1.467,9	1.922,9	2.183,3	»
Espagne :				
Importations....	900,6	086,4	056,4	080,3
Exportations....	1.023,2	836,1	956,7	889,4

J'arrête ici cette liste, mais je me reprocherais de ne pas profiter de cette occasion pour inviter les industriels à prendre aussi connaissance des chiffres concernant les autres nations. Ils verront que tous les pays prospères, — à quelques exceptions près, exceptions dues à des circonstances spéciales, — *importent plus qu'ils n'exportent*. Ils verront exactement le contraire se produire pour les pays pauvres et endettés.

La fameuse théorie de la balance du commerce : « Un pays qui exporte plus qu'il n'importe s'enrichit, et un pays qui importe plus qu'il n'exporte s'appauvrit », serait-elle donc inexacte ?

Il y a, hélas ! fort longtemps que son inexactitude est prouvée, et je ressens, en vérité, quelque honte à me croire obligé de le rappeler.

Vous, commerçant, lorsque vous établissez la balance des comptes de fin d'exercice de votre entreprise, vous procédez à l'inventaire des valeurs diverses engagées dans votre affaire, et notamment à celles des marchandises en magasin.

Si vous possédez, à la fin d'un exercice, plus de marchandises en magasin qu'au début de cet exercice, c'est évidemment que vous en avez *importé* dans votre magasin plus que vous n'en avez *exporté*.

Cette différence, ce surcroît d'importation, je vous le demande, l'inscrirez-vous en profit ou en perte ?

Votre comptabilité ne vous permet pas de l'inscrire autrement qu'en profit.

Considérez maintenant la France dans son ensemble, raisonnez sur ses importations et sur ses exportations comme je viens de le faire. Vous ne pouvez pas ne pas en conclure que *l'excès des importations sur les exportations représente un bénéfice*.

Voilà pourquoi, fort simplement, les pays prospères qui ne sont pas endettés importent plus qu'ils n'exportent malgré tous les efforts faits pour contrarier ce résultat.

Et voilà pourquoi la balance du commerce s'obstine à être favorable à Haïti et au Pérou, et défavorable à l'Angleterre et à la Belgique, par exemple.

Bastiat a fait cette démonstration, il y a plus d'un demi-siècle, par des arguments irréfutables :

« Un négociant de mes amis ayant fait deux opérations dont les résultats ont été fort différents, j'ai été curieux de comparer à ce sujet la comptabilité du comptoir à celle de la douane.

« M. T... expédie du Havre un bâtiment pour les États-Unis chargé de marchandises françaises et principalement de celles qu'on nomme *Articles de Paris*, montant à 200.000 francs. Ce fut le chiffre déclaré en douane. Arrivée à la Nouvelle-Orléans, il se trouva que la cargaison avait fait 10 0/0 de frais et avait acquitté 30 0/0 de droits, ce qui la faisait ressortir à 280.000 francs. Elle fut vendue avec 20 0/0 de bénéfice, soit 40.000 francs, et produisit au total 320.000 francs, que le consignataire convertit en cotons. Ces cotons eurent encore à supporter, pour transport, assurances, commission, etc., 10 0/0 de frais; en sorte qu'au moment où elle entra au Havre, la cargaison revenait à 352.000 francs, et ce fut le chiffre consigné dans les états de la douane. Enfin, M. T... réalisa encore, sur ce retour, 20 0/0 de profit, soit 70.400 francs. En d'autres termes, les cotons se vendirent 422.400 francs.

« Sur les livres de M. T... figuraient donc au crédit du compte des profits et pertes, c'est-à-dire comme bénéfices, deux articles, l'un de 40.000 francs, l'autre de 70.400 francs, et M. T... est bien persuadé qu'à cet égard sa comptabilité ne le trompe pas.

« Cependant, que disent à un partisan de la balance du commerce les chiffres que la douane a recueillis sur cette opération? Ils lui apprennent que la France a exporté 200.000 francs et qu'elle a importé 352.000 francs, d'où le partisan de la balance du commerce conclut qu'elle a dépensé et dissipé les profits de ses économies antérieures, qu'elle s'est appauvrie, qu'elle a marché vers sa ruine, qu'elle a donné à l'étranger 152.000 francs de son capital.

« Quelque temps après, M. T... expédie un autre navire également chargé de 200.000 francs de produits de notre travail national. Mais le malheureux bâtiment sombra à l'entrée du port, et il ne resta à faire à M. T... que d'inscrire sur ses livres deux petits articles ainsi formulés :

« Marchandises diverses doivent à X... 200.000 francs pour achat de différents objets expédiés par le navire N...

« Profits et pertes doivent à Marchandises diverses 200.000 francs pour perte définitive et totale de la cargaison. »

« Pendant ce temps-là, la douane inscrivait, de son côté, 200.000 francs sur son tableau d'exportation, et, comme elle n'aura jamais rien à faire figurer en regard sur son tableau d'importation, il s'ensuit que les partisans de la balance du commerce verront dans ce naufrage un profit clair et net de 200.000 francs pour la France.

« Il y a encore cette conséquence à tirer de là, c'est que, selon la théorie de la balance du commerce, la France a un moyen tout simple de doubler à chaque instant ses capitaux. Il suffit pour cela qu'après les avoir fait passer par la douane, elle les jette à la mer. »

Ce qu'il faut connaître, quand on veut juger, pour un peuple donné, des résultats des mouvements de ceux de ses capitaux faisant fonction économique avec les autres peuples, c'est la Balance Economique. Il ne faut pas la confondre avec la richesse d'un peuple.

Pour l'obtenir, on doit dégager les gains et les pertes résultant de certaines entrées ou de certaines sorties, qu'on peut classer sous quatre chefs : 1° hommes; 2° marchandises ; 3° minerais; 4° valeurs mobilières et instruments de crédit.

Ce travail a été exécuté avec une grande conscience scientifique pour l'Autriche-Hongrie. Le tableau qui le résume est une nouvelle vérification de la démonstration de Frédéric Bastiat qu'on a lue plus haut. Il montre que, contrairement à la vieille théorie de la Balance du Commerce, *l'excédent des importations de marchandises est un des éléments du crédit de la Balance Économique.*

CHAPITRE III

REMARQUES SUR LA SITUATION ÉCONOMIQUE
DES QUATRE PRINCIPALES NATIONS

L'Angleterre et le libre échange. — La houille anglaise. — L'exportation des objets manufacturés. — L'importation des objets manufacturés. — Comparaisons. — Les États-Unis. — L'Allemagne. — Développement économique extraordinaire. — La crise de 1900. — Profits médiocres. — Les nouveaux traités de commerce. — Résumé.

Angleterre. — Dans le commerce mondial, l'Angleterre conserve de loin la première place. Le régime du libre échange dont elle a donné l'exemple a fait d'elle, d'une part, l'entrepôt du monde, tandis qu'il assurait dans l'intérieur du pays l'utilisation rationnelle, normale, des capitaux et des énergies dans des industries viables, dans les seules industries capables de se développer dans la liberté.

La preuve en est supérieurement faite par M. Yves Guyot, dans son livre *la Comédie protectionniste*[1].

« A entendre non seulement beaucoup d'étrangers, dit-il, mais même certains Anglais, l'ampleur de l'exportation anglaise serait due à la houille; et des pessimistes s'écrient que cette exportation, qui peut enrichir le présent, est une ruine pour l'avenir, puisqu'elle épuise cette richesse naturelle ; certains même ont demandé qu'on l'interdît, en augmentant le droit de

---

1. *La Comédie protectionniste* d'Yves Guyot, p. 201 et 203 et p. 207 et 208.

sortie de 1 shilling par tonne, car ils considèrent que la houille anglaise, étant un aliment pour la marine et certaines industries étrangères, est une cause de concurrence pour la marine et l'industrie britanniques. Le rapprochement de trois chiffres montre la vanité de ces assertions. La moyenne des exportations de houille, de coke et autres combustibles a été, de 1900 à 1904, de 30 millions de livres sterling. Or, l'exportation totale est de 289 millions de livres sterling, et l'exportation des objets fabriqués est de 232 millions. Quand l'Angleterre exporte 100 livres sterling de charbon, elle exporte 773 livres sterling d'objets fabriqués et un total de 1.000 livres sterling.

« Mais la proportion des exportations des produits fabriqués du Royaume-Uni est-elle inférieure ou supérieure à celle des exportations des autres grandes nations ?

« D'après les cinq dernières années, la moyenne des exportations des objets manufacturés a été, relativement aux exportations, totales dans les proportions suivantes :

ANNÉES	PAYS	MOYENNE ANNUELLE		
		Total des exportations	Objets manufacturés	P. 100
1900-1904	Royaume-Uni, produits fabriqués (millions de livres sterling).....	289	232	80
1899-1903	Allemagne (millions de marks)...	4.588	2.591	65
1899-1903	France (millions de francs).......	4.155	2.130	55,6
1899-1903	Italie (millions de lires)...........	1.448	306	21,5
1899-1903	Autriche-Hongrie (millions de couronnes, cours : 1,05)............	1.947	812	41,7
1899-1903	États-Unis (millions de dollars)..	1.077	399	29,4

« Nous ne parlons pas de la Russie qui exporte pour moins de 5 0/0 d'objets manufacturés, ni de la Hollande qui en exporte moins de 3 0/0.

« La proportion de l'exportation des produits fabriqués relativement aux exportations totales dépasse donc, en Angleterre, de 15 0/0 celle de l'Allemagne, de 25 0/0 celle de la France, et de plus de 50 0/0 celle des États-Unis...

« Maintenant, nous allons examiner l'importance de l'importation des objets manufacturés chez les mêmes peuples.

ANNÉES	PAYS	IMPORTATIONS TOTALES	OBJETS MANU- FACTURÉS	P. 100
1900-1904	Royaume-Uni (millions de liv. st.)	533	1.315	24,6
1900-1903	Allemagne (millions de marks)..	5.700	1.144	20
1900-1903	France (millions de fr.).........	4.853	787	17,3
1900-1903	Suisse (millions de fr.)..........	1.127	356	31
1900-1903	Italie (millions de lire).........	1.712	355	20
1899-1903	Autriche-Hongrie (millions de couronnes)	1.710	472	27,7
1899-1903	États-Unis (millions de dollars) .	848	»	»
	Articles manufacturés prêts pour la consommation.............	»	139	15,9
	Articles de luxe (y compris les spiritueux et les vins)........	»	111	13,6

« Ces chiffres prouvent que le résultat du tarif protecteur allemand a été de réduire, relativement aux importations totales, la proportion de l'importation des objets manufacturés d'un peu plus de 4 0/0 au-dessous de celle du Royaume-Uni. »

En France, les efforts des protectionnistes ont réussi à réduire cette proportion de 7 0/0. Merveilleux résultat !

La situation de l'Angleterre est une situation hors pair.

Aussi son attachement pour le libre échange est-il aussi profond que celui de la France pour le protectionnisme.

Celui-là est aussi compréhensible et fondé que celui-ci est incompréhensible et non fondé.

États-Unis. — Les États-Unis ont vu leur population augmenter considérablement chaque année et atteindre 80 millions d'âmes. Leurs richesses agricoles, forestières, minières sont immenses et encore incomplètement exploitées. L'énergie de leurs habitants est remarquable.

C'est un pays neuf, « qui n'a ni à traîner le poids mort d'un outillage suranné, ni à faire les écoles qu'ont subies ses aînés, ni à supporter toutes les charges inhérentes aux civilisations anciennes ».

« Son développement n'est pas dû à la protection, il est dû à l'augmentation des besoins. Cette augmentation est la cause de l'essor des industries. »

La Balance du Commerce cessera d'être favorable aux États-Unis quand ils auront moins de dettes en Europe.

Allemagne. — Il n'en est pas de même de l'Allemagne, qui est surtout visée par les fabricants français lorsqu'on parle de concurrence étrangère. Il est nécessaire de scruter d'un peu près les chiffres formidables qui concernent cette grande nation. C'est ce que je vais essayer de faire.

Je tiens à rendre ici hommage aux travaux de M. Gabriel Ferrand, consul de France à Stuttgart, qui

m'ont été d'un grand secours, notamment son rapport
n° 489 [1].

A en croire la statistique, le régime économique de
l'Allemagne aurait été d'une prospérité sans pareille.
Le total des salaires s'est élevé, de 1895 à 1904, suivant les industries, dans la proportion de 50 à 200 0/0;
le nombre des chevaux-vapeur, de 100 0/0. Une progression identique est constatée dans l'importation
des matières premières :

    1896...................... 29 millions de tonnes
    1904...................... 48,9 millions de tonnes

et dans le mouvement des ports :

	1877	1903
	(En tonneaux de jauge)	
Entrées	747.000	18.414.000
Sorties	727.000	13.517.000

Le commerce général de l'Empire a dépassé, dès
1904, le chiffre de 12 milliards de marks, soit environ
15 milliards de francs. De 1889 à 1904, les importations
et exportations, déduction faite des métaux précieux,
se sont élevés aux chiffres suivants exprimés en
milliards de marks :

	1889	1894	1899	1904
Importation	3.99	3.93	5.48	6.3
Exportation	3.16	2.96	4.20	5.2
Total	7.15	6.89	0.68	11.5

1. Publié à l'Office national du Commerce extérieur, 3, rue Feydeau,
Paris.

Cet extraordinaire développement économique inspire au Rapporteur de la Chambre de commerce de Stuttgart les réflexions suivantes :

« Nous devons nous réjouir de voir qu'en ces dernières années l'Allemagne a pris la direction industrielle du continent et a notamment dépassé la France... Notre marche en avant est si puissante que la politique commerciale et douanière (des nouveaux traités de commerce) hostile à l'industrie ne parviendra même pas à l'arrêter.

« Notre développement économique a pris, dans un laps de temps étonnamment court, un caractère grandiose, et sa marche en avant est impétueuse (*sic*). »

Certes, cette constatation est exacte, et le fait en lui-même est indéniable, mais il y a lieu d'en rechercher la genèse et d'en montrer surtout les conséquences. Nous n'ignorons pas la situation qu'a créée cette impétueuse marche en avant : la formidable production de ces dernières années, dont témoignent les statistiques précédentes, a abouti à la crise de 1900.

Malgré les pertes énormes que cette crise occasionna, le marché extérieur put être régulièrement alimenté, et, de 1900 à 1904, les exportations progressèrent même de plus de 900 millions. Les années 1901 et 1902 n'en furent pas moins des années de crise parfaitement caractérisée. L'année 1903 fut une année de maigres bénéfices. Les Allemands ont donné en la circonstance un exemple de vitalité et d'énergie vraiment admirable, qu'il serait injuste et puéril de ne pas mettre en lumière. Mais on ne retrouve plus les affaires rémunératrices qui précédèrent la crise. L'ère des gros bénéfices semble avoir pris fin. Ce ne sont, depuis quatre ans, que plaintes et doléances, malgré

les assurances officielles contradictoires et la campagne
de presse ayant pour but de tranquilliser l'opinion
publique tant à l'intérieur qu'à l'extérieur.

Les crédits à long terme sont l'un des effets du
besoin de trouver quand même des débouchés. Les
Allemands ont dépassé la mesure dans cet ordre d'idées.
La pratique du crédit à long terme paralyse complètement certaines industries ; on reconnaît tardivement
qu'elle est pleine de dangers pour le vendeur et qu'il
est urgent et indispensable de ramener le crédit dans
ses limites de durée habituelle.

On peut dire que le profit de l'industrie allemande,
en général, est maigre, incertain ou nul.

D'autre part, la spéculation sur les matières premières
affecte gravement certains compartiments industriels.

Enfin les nouveaux traités de commerce sont nette-
ment défavorables à l'industrie allemande. Le rapporteur
de la Chambre de commerce de Stuttgart, tout en constatant que les nouveaux traités sont « hostiles à l'industrie allemande», est d'avis que son expansion n'en
sera pas arrêtée. Cette affirmation semble au moins
imprudente. L'optimisme dont elle fait preuve n'est,
en effet, nullement partagé par les cercles industriels
qui manifestent, au contraire, de vives appréhensions
au sujet des représailles inévitables qu'entraînera la
mise en vigueur du nouveau tarif impérial.

En résumé, l'industrie et le commerce allemands se
sont, depuis dix ans, extraordinairement développés,
mais cette étonnante expansion économique ne corres-
pondait pas à une capacité de consommation extraordinaire du marché mondial ; elle a abouti à la crise
qui est la conséquence naturelle de toute surproduction injustifiée. Le développement économique de

l'Empire n'a pas produit les résultats qu'on en attendait ; les bénéfices n'ont pas été en rapport avec le capital engagé. La période décennale qui se termine n'a donc pas été une ère de prospérité. Ce fut une période d'activité intense, mais nous ne devons pas oublier que la somme de cette activité s'est chiffrée par des pertes considérables et de maigres profits.

CHAPITRE IV

CRISES COMMERCIALES

Peut-on prédire les crises commerciales? — M. A. Raffalovich. — Les crises proviennent d'un excès de consommation. — Nécessité nouvelle de connaissances économiques.

Nous touchons ici à un sujet de grande importance : celui des crises commerciales. Il mérite une parenthèse.

L'état actuel de la science économique permet-il de prévoir, dans une certaine mesure tout au moins, les crises commerciales?

On peut hardiment répondre par l'affirmative à cette question. La preuve en est que la crise qui a suivi l'année 1900 a été annoncée par un savant, M. A. Raffalovich, dès 1898, en ces termes, dans le *Dictionnaire du Commerce, de l'Industrie et de la Banque* (art. *Crises commerciales*) :

« ..... Au point de vue général, à dater de 1894, on assiste à une reprise successive des affaires industrielles et commerciales dans la plupart des pays. Cette reprise s'accentue surtout en Allemagne, où des capitaux très considérables sont absorbés, immobilisés dans l'industrie électrique, dans la construction des chemins de fer locaux, dans l'agrandissement ou la fondation d'usines. En novembre 1898, la Banque d'Allemagne porte l'escompte à 6 0/0. En Angleterre, on remarque un essor analogue, notamment dans la construction navale. La Belgique est livrée à une spéculation de bourse sur les valeurs du Congo, sur des valeurs industrielles diverses. Depuis leur victoire sur les Espagnols, les États-Unis sont en proie à une véritable fièvre..... Peu à peu, le terrain se prépare pour une nouvelle crise, dont il est bien difficile de prédire avec exactitude la date et le point de départ. »

Songe-t-on à l'extrême importance d'une telle prédiction, aux ruines qu'elle eût évitées, si l'ignorance des commerçants eût été moins profonde, si cette voix avait été entendue et écoutée!

M. Raffalovich est un économiste qui apporte à l'étude des phénomènes économiques la méthode objective. Les crises proviennent, non d'un excès de production, mais d'un excès de consommation, c'est-à-dire de gaspillages de capitaux dans des entreprises où ils ne retrouveront jamais, ou seulement dans fort longtemps, leur pouvoir d'achat.

Une mauvaise récolte — dont l'influence sur nombre d'industries est si grande — est un excès de consommation.

En effet, des dépenses de tout genre ont été faites. La récolte est mauvaise; alors la consommation faite par la culture n'est pas remplacée par de nouveaux produits. Il y a eu destruction de capital. Le pouvoir d'achat du cultivateur est diminué.

Ce qui précède prouve une fois de plus, pour les commerçants, la nécessité de connaissances économiques.

Ils y feront des découvertes propres à jeter une vive lueur sur le monde qui les entoure : au lieu de s'en aller à tâtons dans la nuit, ils verront clair autour d'eux.

Ce sera la simple différence du noir au blanc.

CHAPITRE V

TAUX ACTUELS DE L'ESCOMPTE

Le taux de l'escompte en Allemagne. — Possibilité d'une nouvelle crise.
— Le taux de l'escompte sur les marchés internationaux. — L'abondance des ressources de capitaux en France ; avantages et inconvénients.

Fermons la parenthèse, et revenons à la situation de l'Allemagne. En 1905, le taux de l'escompte à Berlin fut porté de 3 0/0 à 4 0/0 en septembre, de 4 0/0 à 5 0/0 en octobre, de 5 0/0 à 5 1/2 0/0 en novembre, de 5 1/2 0/0 à 6 0/0 en décembre. Il était alors de 3 0/0 à la Banque de France.

M. Alfred Neymarck, dans son journal *le Rentier* (numéro du 17 octobre 1906), reproduit la communication suivante, qui venait d'être adressée de Berlin au *Temps* :

« L'élévation de l'escompte par la Banque de l'Empire à 6 0/0, et la perspective de le voir à 7 pour la fin de l'année, ainsi que le prix élevé du charbon et du fer, sont beaucoup commentés. Certains établissent une analogie entre cette situation et celle de 1899 et prévoient même la possibilité d'une crise analogue à celle de 1891, si l'industrie ne restreint pas sa production. D'autre part, on fait remarquer que les populations rurales devenues prospères ont beaucoup accru leur capacité d'achat et que l'état du marché intérieur est très bon, si bien qu'il suffira probablement de la cherté du crédit pour enrayer la surproduction et ses conséquences. »

Il peut être intéressant de connaître, comme complément d'information, quel était, en octobre 1906, le taux de l'escompte sur les marchés internationaux :

	Pour 100
Belgique	3 1/2
Autriche, Espagne	4 1/2
Grande-Bretagne, Italie, Pays-Bas	5
Banques suisses, États-Unis	5
Portugal	5 1/2
Allemagne	6
Saint-Pétersbourg	7

Ce taux est sensiblement le même au début de l'année 1907.

En France, la Banque maintient son taux d'escompte à 3 0/0.

« A l'heure actuelle — dit *le Rentier* du 7 octobre 1906 — les pays étrangers n'ont pas assez de capitaux pour les opérations commerciales ou financières et pour les spéculations qu'ils ont entreprises.

« En France, nous avons une abondance considérable de ressources et de disponibilités qui suffisent aux besoins de nos affaires courantes et peuvent subvenir à celles qui pourraient encore être entreprises. »

C'est très bien. Mais, ici, je ferai quelques réserves, car il ne faut rien exagérer. L'élévation du taux de l'escompte à 6 0/0 est évidemment la preuve d'une situation anormale en Allemagne, où l'esprit de spéculation a tenu et tient encore une trop grande place dans l'industrie. Mais le fait que le taux de l'escompte est resté en France à 3 0/0 est-il une preuve de situation normale, est-il la preuve que l'organisation interne de notre pays est en harmonie avec les conditions générales de la vie des nations dans notre époque? On me permettra d'en douter.

Ces ressources si abondantes dont nous disposons, vont-elles aller augmenter la commandite industrielle? Je ne le crois pas, parce que la politique actuelle de restriction des débouchés n'est pas faite pour permettre aux établissements industriels sérieux de se créer ou de se développer, et parce que la politique interventionniste « avancée », avec ses menaces et ses dangers, place l'industrie dans un état d'insécurité croissante. D'autant plus que notre race ne possède pas les qualités d'initiative hardie et de volonté soutenue de la race anglo-saxonne.

Nous sommes des travailleurs, nous sommes des épargneurs, et nous disposons d'une somme considérable de capitaux. Nous pourrions faire de ces capitaux un emploi profitable en France. Et nous nous arrangeons de si sotte façon qu'il y a beaucoup de chances de voir nos épargnes aller s'engloutir de préférence à l'étranger, dans des placements dont il nous est difficile de surveiller la valeur, quand elles ne restent pas improductives dans nos bas de laine.

RÉSUMÉ ET CONCLUSION
DE LA DEUXIÈME PARTIE

La situation en France est restée bonne. — Efforts indispensables. — Le vrai remède : évolution nécessaire. — Améliorations immédiatement réalisables. — Limitation des efforts à la solution d'un point seulement du problème.

Il résulte des faits que nous venons de passer en revue que, si la France n'a pas développé son commerce extérieur dans la même proportion que la plupart des autres nations, elle a néanmoins fait de bonnes affaires. Sa situation financière est prospère, et les ressources de toute nature existent chez elle en abondance.

Malgré l'avance prise par l'Allemagne, on peut dire que la situation économique de la France est meilleure.

On peut se représenter, à mon avis :

1° La France comme une ancienne, riche et honorable maison industrielle possédant de grandes ressources d'invention, de vieilles relations, mais, par cela même, un peu trop routinière et trop imbue de sa supériorité ;

2° L'Allemagne comme une maison récente, créée de toutes pièces par des individualités énergiques et savantes, alliées à des capitalistes et à des spéculateurs, une maison qu'on a installée sans ménager aucune dépense, sans douter un instant de son avenir, et pour laquelle on a cru pouvoir compenser l'ancienneté et les relations par de l'argent et de l'audace.

Enfin, il ne faut pas oublier la situation terrible faite à notre pays par les événements de 1870, et résumée par M. Alfred Neymarck dans les lignes suivantes :

« La guerre de 1870 et la Commune ont coûté au pays plus de 12 milliards. Ce sont là des chiffres officiels qu'il ne faudrait jamais oublier !

« La répercussion de ces charges a pesé de tout son poids sur le pays tout entier dont il faut admirer la vaillance et l'énergie.

« On parle parfois du relèvement prodigieux des États-Unis au lendemain de la guerre de Sécession, ou bien de la progression commerciale et industrielle des pays qui nous entourent, comparée à la nôtre. Le relèvement économique, financier, commercial et industriel de la France depuis 1870 est autrement considérable, si on n'oublie pas le point de départ et de comparaison. Nous traînons le poids mort de 30 milliards de dettes publiques dues, pour beaucoup, à des fautes que nous n'avons pas commises. »

En résumé, la situation générale de la France est restée bonne, et nos ressources sont immenses. Nous pouvons, en agissant avec méthode et persévérance, rapidement regagner le terrain perdu, sous la condition de ne pas persister plus longtemps dans nos erreurs économiques.

C'est une raison de plus pour chercher et appliquer les combinaisons nouvelles propres à favoriser l'expansion économique de notre pays. Et, même si son développement arrivait à se faire dans la même proportion que celui des autres nations, il n'en serait pas moins nécessaire de continuer nos efforts avec la même vigueur.

J'ai cru devoir, dans la présente étude, passer du général au particulier, envisager d'abord les causes profondes de notre infériorité, puis examiner la situation vraie de nos principaux concurrents comparativement à .celle de la France.

Le vrai remède à l'insuffisance de développement du commerce 'extérieur de la France réside dans la mise en harmonie de nos méthodes d'instruction et d'éducation technique et commerciale, de nos méthodes de travail, de notre législation, avec les conditions générales actuelles des échanges internationaux.

Mais, si nous ne devons rien négliger pour hâter la marche d'une évolution tardive et nécessairement lente, c'est là, toutefois, une œuvre qui appartient bien plutôt aux hommes de science, aux éducateurs des nouvelles générations, qu'elle n'appartient aux commerçants et aux industriels.

Nous devons surtout, nous qui sommes dans le plein de la lutte, diriger nos efforts vers la recherche de solutions immédiates, d'améliorations de détail, sans oublier toutefois de nous inspirer toujours de principes scientifiques. *Nous devons, en un mot, prenant les circonstances et les hommes tels qu'ils se présentent à nous, en tirer tout le parti possible pour le bien de notre pays.*

C'est dans cet esprit, et c'est dans ce but, que j'ai limité mes efforts à la solution de l'un seulement des points du problème si vaste et si complexe qui s'impose à notre attention : je veux dire *au perfectionnement des moyens d'accroître l'exportation des produits français.*

TROISIÈME PARTIE

CONDITIONS A RESPECTER
ET PRINCIPES NÉCESSAIRES

CHAPITRE I

CONDITIONS A RESPECTER

Les trois principales conditions à respecter. — Comment découvrir les principes de base de l'organisation cherchée

Quelles sont donc les principales conditions auxquelles doit satisfaire, pour constituer un progrès, pour être immédiatement applicable, pour être pratique et féconde, toute organisation ayant pour but le développement de nos exportations ?

Ce sont :

1° La nature du milieu industriel français ;

2° Les exigences de la lutte commerciale entre les nations ;

3° L'état d'esprit de l'industriel français.

Malgré que ces conditions puissent paraître quelque peu contradictoires, leur examen attentif nous permettra peut-être d'en dégager un ensemble de principes harmoniques. Il faudra que ces principes respectent les trois conditions, et cependant ne se contredisent pas entre eux.

Si nous parvenons à ce résultat, nous aurons alors à notre disposition une base solide pour la construction d'une organisation nouvelle, possédant tous les avantages des organisations existantes, avec, en plus, des qualités nouvelles.

Autrement dit, nous bâtirons sur les principes acquis comme on bâtit sur de solides fondations : nous aurons toutes chances de faire du bon travail.

Examinons donc successivement les caractéristiques des trois conditions générales indiquées ci-dessus.

CHAPITRE II

NATURE DU MILIEU INDUSTRIEL FRANÇAIS
DÉMOCRATIE INDUSTRIELLE

La petite et la moyenne industrie. — Démocratie industrielle
La petite industrie et l'exportation. — Premier principe

L'examen de la nature du milieu industriel français
montre que *la France est un pays de moyenne et de
petite industrie bien plutôt que de grande industrie.*

En France, 85 0/0 des établissements industriels occupent de un à quatre ouvriers.

Non seulement notre pays est une véritable démocratie financière, mais il est aussi une véritable *démocratie
industrielle.*

Il en résulte que l'accroissement du chiffre de nos
exportations dépend des efforts faits et des résultats obtenus par l'ensemble des petits et des moyens industriels.

Il en résulte encore, — et c'est le point qui nous
occupe ici, — que, *pour obtenir un grand et réel accroissement de l'exportation française, il faut que les organisations créées dans ce but puissent être utilisées par l
grande masse des industriels de petite et de moyenne
importance.*

On comprend toute l'importance qu'il y a à satisfaire
à cette condition, que l'on n'a peut-être pas observée
assez soigneusement jusqu'ici.

J'ai entendu dire qu'un petit industriel ne peut pas

faire d'exportation, qu'il manque, pour cela, du stock et des capitaux suffisants, etc. Ce n'est pas l'avis des très nombreux négociants-commissionnaires installés en France, et qui paraissent trouver profit à s'occuper du placement à l'étranger des produits français. Les délais habituels de livraison sont donc acceptables. Quant au crédit, nos fabricants n'auraient point à en accorder un plus long sur certaines des principales places étrangères, — soit un champ d'action déjà vaste. Pour les autres places, il n'en saurait, évidemment, être question au début, — mais en outre le recours aux banques supprimerait la difficulté.

Il n'y a pas impossibilité pour le petit fabricant de faire de l'exportation, mais seulement une question de méthode et de mesure, ce qui est tout autre chose.

Je ne veux pas dire, en effet, que le petit fabricant doive se lancer en même temps sur plusieurs places étrangères. Ce serait folie. Au contraire, la marche prudente est tout indiquée : d'abord, quelques clients sur une place, un seul client même; puis, étude de plus en plus approfondie des besoins et des goûts de la clientèle de l'endroit; et, peu à peu, extension des relations avec des maisons sur lesquelles on aura obtenu de bons renseignements de diverses sources, etc.

Ce petit industriel aura à lutter contre des maisons importantes : c'est possible, mais cela est loin de constituer une infériorité aussi grande qu'on le pense communément. Et l'association viendra d'ailleurs, quand il le voudra, multiplier sa puissance d'action.

En tous les cas, la répartition démocratique des industries en France impose cette condition fondamentale du progrès de notre commerce extérieur : faciliter le plus possible, aux industriels les plus modestes, l'exportation de leurs produits.

Dès lors, l'intérêt général exige que l'examen des différents moyens d'action que nous examinerons soit effectué en tenant compte tout spécialement de la manière dont ils satisfont à cette condition fondamentale.

Nous venons de dégager le premier des principes cherchés : nous connaissons la qualité du sol sur lequel nous allons commencer les fondations.

CHAPITRE III

EXIGENCES DE LA LUTTE COMMERCIALE

Moyen de découvrir les principes permettant de satisfaire à ces exigences. — Les différents procédés employés pour accroître nos exportations. — Points communs. — L'offre et la demande. — Les relations directes. — Les sources et moyens d'information : leur utilisation insuffisante ; moyens de la généraliser. — Principe à retenir.

Différents procédés ont été ou sont employés pour élever le chiffre des exportations françaises. Ces procédés ont dû forcément respecter les exigences de la lutte commerciale entre les nations. Leur examen est donc tout indiqué, car il nous fera découvrir facilement les principes qui permettront à l'organisation cherchée de satisfaire aux exigences de la lutte commerciale internationale.

Les différents moyens en question peuvent se ramener à un petit nombre de types, qui sont :

1° Les représentants isolés ;

2° Les groupements commerciaux ;

3° Les comptoirs d'exportation ;

4° Les voyages à frais communs ;

5° Les expositions d'échantillons ;

6° Les musées commerciaux.

Nous passerons successivement en revue chacun de ces types, et nous relèverons, à chaque occasion, les principes féconds que nous pourrons y découvrir.

Mais, auparavant, il est nécessaire d'examiner les points qui sont communs à ces différents types, car

·ces points communs seront évidemment l'expression . d'autant de nécessités absolues, unanimement reconnues, et dont nous devrons tenir compte tout spécialement.

Toutes les organisations dont nous aurons à nous occuper ont reconnu qu'une condition essentielle dans les affaires, c'est que l'offre doit satisfaire à toutes les exigences de la demande. Cette condition, pour évidente qu'elle paraît, est loin d'être observée par les industriels en général.

Les besoins et les goûts des clientèles diverses doivent être respectés sans discussion, et la fabrication doit s'y soumettre.

Pour cela, il faut évidemment d'abord connaître ces besoins et ces goûts; il faut aussi pouvoir suivre leur évolution, et, autant que possible, la prévoir.

Et c'est justement ici l'un des points faibles des fabricants français. La cause en est dans notre ignorance des langues étrangères et dans la conviction inébranlable de l'invincibilité de notre supériorité en tout. Tandis que nous attendions chez nous le client lointain pour lui offrir des articles à notre goût et payables à notre convenance, des concurrents étrangers plus aventureux et plus modernes allaient s'enquérir sur place des goûts et des convenances de ce même client, afin de pouvoir y satisfaire et se l'attacher : ce à quoi ils ont d'ailleurs réussi très souvent.

Nous avons paru ignorer que les immenses progrès réalisés dans toutes les branches de l'activité humaine d puis un demi-siècle avaient transformé de fond en comble les conditions générales des affaires.

La vapeur et l'électricité ont vaincu l'espace. Le crédit a vaincu le temps. Les principaux centres d'achat

et de vente du marché mondial **sont aujourd'hui plus**
facilement accessibles à chaque intéressé que **ne**
l'étaient, il y a cinquante années, les principaux centres
du seul marché européen.

Cette accessibilité a stimulé les initiatives et les
tentatives hardies. Elle a multiplié les besoins des
hommes, tandis que les perfectionnements des procédés industriels multipliaient le nombre des produits à
échanger.

La concurrence est devenue de plus en plus âpre.

Les rouages intermédiaires qui reliaient autrefois les
fabricants d'un pays aux acheteurs du monde entier
sont apparus comme trop compliqués, trop coûteux, et
comme un obstacle à la connaissance des besoins et
des goûts des clientèles étrangères. La constatation de
ces faits n'implique aucunement la condamnation des
intermédiaires du commerce, dont l'utilité restera
toujours aussi grande que celle d'une bielle de loco-
motive.

Mais le rôle des intermédiaires a évolué, comme
toutes choses. Ceux d'entre eux qui se refusent à reconnaître la nécessité d'une telle évolution vont à la fois
contre leurs propres intérêts et contre les intérêts des
industriels qui font appel à leurs services.

Quoi qu'il en soit, à la simple *possibilité de relations
directes* entre fabricants d'une spécialité et acheteurs
étrangers de cette spécialité, a bientôt succédé la *nécessité* de telles relations. Aujourd'hui, on peut affirmer
qu'elles sont, non seulement nécessaires, mais *indispensables*.

Pour réussir à notre époque, il faut connaître et cul-
tiver tous les marchés du monde où notre spécialité
peut trouver un écoulement.

Rien ne permet de supposer que la lutte dans l'avenir sera moins ardente. Ne nous abîmons point dans un inutile regret du bon vieux temps : il ne reviendra pas. Regardons autour de nous et devant nous. Étudions, réfléchissons, et agissons.

La création progressive de relations directes entre le fabricant, et, tout au moins, les marchés d'approvisionnement des contrées étrangères, est d'ailleurs l'objet de tous les efforts des Chambres de commerce françaises à l'étranger, de l'Office national du Commerce extérieur, de nos Consuls, de notre distingué et si actif Attaché commercial à l'Ambassade française à Londres, M. Périer, et de nombreuses associations et personnalités diverses.

Il est même profondément regrettable que nos industriels n'utilisent ces sources et moyens d'information que très peu.

Les Chambres de commerce françaises à l'étranger se font un devoir de donner l'appui de l'expérience de leurs membres et de leur autorité à tous nos compatriotes qui veulent tenter les affaires à l'étranger. Elles publient des Bulletins périodiques tout remplis d'études intéressantes, de renseignements utiles, d'avis précieux. Est-ce l'esprit d'économie qui fait que, souvent, les industriels français ne s'y inscrivent comme adhérents, n'y versent la modique cotisation annuelle qu'elles demandent, qu'après une mauvaise affaire traitée sans précautions suffisantes, et pour la solution de laquelle ils ont besoin de leur intervention. Il eût cependant été plus économique et plus rationnel de s'adresser à elles auparavant.

L'Office national du Commerce extérieur est devenu, en fait, sous la direction énergique et savante de son éminent directeur, M. Collin-Delavaud, un organisme qui peut rendre aussi de grands services. Il est triste de dire que beaucoup d'industriels ne se doutent même pas de son existence. Et, parmi ceux qui utilisent ses services, combien connaissent exactement toutes les ressources dont il dispose, les publications diverses qu'il édite, telles que le *Moniteur officiel du Commerce*, les *Dossiers commerciaux*, les *Monographies, Itinéraires de voyageurs*, etc. ?

Notre corps consulaire est l'objet de vives critiques. Ceux qui critiquent le plus ont-ils lu les rapports de nos consuls d'une manière suivie? Certainement non, car ils y auraient trouvé des informations souvent très complètes, et une somme de travail et d'observations répondant victorieusement à leurs critiques.

On peut seulement regretter que les connaissances économiques de certains de nos Consuls soient très insuffisantes.

Le rôle des Attachés commerciaux est d'ordre plus actif, certes, et M. Jean Périer, le premier nommé, a donné un exemple qui sera difficilement surpassé. Mais la masse des industriels ne connaît pas non plus quand et comment elle peut utilement faire appel aux services des Attachés commerciaux.

Il en est de même en ce qui concerne les Conseillers du Commerce extérieur et les associations diverses.

D'une part, nos industriels voudraient trouver de suite, dans les documents publiés, des indications de détail concernant directement leur spécialité. Ils voudraient une besogne toute mâchée, pour ainsi dire. Et ils paraissent ne pas savoir tirer de ces documents, par un travail personnel, la méthode d'action qu'ils peuvent *seule* fournir.

D'autre part, le nombre de ces documents, leur aridité fréquente, permettent difficilement, en vérité, aux industriels de les connaître tous, de se les procurer, de les analyser et d'en extraire ce qui peut actuellement ou plus tard leur être utile.

Il y a là une lacune. Puisqu'on dépense beaucoup pour amasser des documents, il faudrait les faire connaître aux intéressés.

Il manque, en France, dans l'organisation actuelle des informations commerciales, un rouage indispensable, reliant les informateurs aux gens à qui sont destinées les informations.

Il manque le service qui consisterait à lire, à analyser, à résumer les documents, pour ensuite vulgariser les enseignements qui en résultent, pour porter à la connaissance des diverses catégories d'industriels, par toute la France, le meilleur de ce que ces documents contiennent. Peu à peu, les industriels apprendraient alors à faire par eux-mêmes un travail dont ils auraient compris l'utilité et la fécondité.

J'aperçois trois procédés possibles de vulgarisation :

1° Par les soins des Chambres syndicales et des divers groupements patronaux ;

2° Par la publication régulière dans les grands journaux quotidiens d'analyses, résumés, avis provenant de l'étude des documents cités ci-dessus, ainsi que par la publication d'interviews de nos Consuls ou de personnalités compétentes ;

3° Par la création, dans chaque région intéressée, de Délégués commerciaux à l'intérieur de la France.

En ce qui concerne les Chambres syndicales, il me semble qu'elles pourraient charger ceux de leurs membres présentant les garanties nécessaires d'étudier

les documents intéressants, de se rendre aux récep-
tions que donnent les Consuls et les Conseillers du
Commerce extérieur de passage à Paris, et d'établir
des rapports exposant surtout les méthodes propres à
l'extension de nos relations commerciales avec l'étranger. Je crois devoir, à ce sujet, mettre en garde les
informateurs contre une tendance mauvaise, consistant
à obtenir avant tout des listes d'adresses de clients
possibles. Ces sortes de renseignements sont de nature
à éteindre dès le début le peu d'initiative qu'on aurait
cherché à susciter. Les fabricants s'empressent d'envoyer des échantillons aux maisons indiquées, sans
s'être au préalable informés des goûts du pays où ces
maisons traitent leurs affaires. Par suite, la tentative
avorte très souvent, et le résultat n'est que déception
et découragement, sans aucun acquis. Ce ne sont pas
des renseignements de détail qu'il faut recueillir ; ce
sont des renseignements d'ordre général. Il appartiendra ensuite aux intéressés de profiter des enquêtes
faites à leur intention, dans la mesure où leur aptitude
aux affaires saura se manifester.

Les groupements de province sont moins favorisés à
cet égard. Mais ne pourraient-ils trouver des correspondants résidant à Paris et qui se chargeraient de la
besogne. Il me semble que les Conseillers du Commerce extérieur habitant la capitale accepteraient avec
joie une occasion de plus d'être utiles.

Maintenant on pourrait m'objecter que, les membres
d'une Chambre syndicale étant des concurrents directs
les uns des autres, celui qui serait chargé du rôle
d'informateur offrirait difficilement les garanties d'im-
partialité nécessaires. Je répondrai que, toujours,
dans ces groupements, on peut trouver un ou plusieurs

hommes dont les intérêts particuliers ne soient pas en opposition avec ceux de leurs collègues. Par exemple, prenons la Chambre syndicale de la Bijouterie fantaisie. Parmi les membres se trouvent plusieurs fabricants de fournitures brutes pour Bijouterie. Les collègues de ces fabricants sont leurs clients. Les clients de la presque totalité des membres ne peuvent devenir clients des fabricants de fournitures brutes. Et ces derniers sont tout indiqués pour servir d'informateurs. Ce faisant, ils serviront à la fois leurs intérêts et ceux de leurs collègues syndicaux, sans aucun frottement ni aucune réserve.

Le deuxième procédé de vulgarisation, consistant à demander le concours des journaux quotidiens à grand tirage, serait aussi très efficace. Mais, pour cela, il faudrait que les chroniques commerciales y occupent une place convenable, ne soient pas reléguées dans les annonces, soient fréquentes et forment un tout homogène. J'ai pu constater par moi-même combien il est difficile de décider les journaux à réaliser cet état de choses. La faute en est, d'ailleurs, à l'indifférence apparente de l'opinion publique pour les questions économiques. Il n'en est pas de même en Belgique, en Allemagne, en Autriche, etc., où on lit fréquemment des études sur ce sujet.

Enfin, je considère comme un troisième moyen possible de vulgarisation la création de postes de Délégués commerciaux à l'intérieur de la France, à raison de un par région industrielle.

« La ville de Wiborg, — dit *le Moniteur officiel du Commerce* du 14 février 1907, — que sa population (35.000 hab.) et sa prospérité rangent parmi les plus importantes de la Finlande, vient, par l'organe de sa

Chambre de commerce, de décider l'institution d'un Agent commercial, chargé, aux appointements de 15.000 francs par an, de défendre et de représenter ses intérêts, d'étudier les moyens d'étendre son trafic, enfin de servir de centre d'informations et d'intermédiaire à l'égard des producteurs étrangers. Des instructions ultérieures doivent préciser et délimiter ses attributions. »

Dans mon esprit, il ne s'agirait nullement de fonctionnaires nouveaux, — malgré que la création de fonctionnaires industriels serait fort défendable, — mais bien de Délégués nommés et payés par les industriels eux-mêmes, et dont la mission n'a pas besoin d'être exposée.

Tels sont trois moyens possibles d'aider au développement de notre commerce extérieur. Il y en a d'autres, mais il me semble que ce serait déjà un résultat si les trois procédés ci-dessus, ou plus simplement l'un d'entre eux, étaient admis et appliqués.

En résumé, comme tous les industriels français font depuis quelques années des efforts sérieux pour se créer des relations à l'étranger, et comme ils ne savent pas très bien où et de quelle manière ils pourraient obtenir tous les renseignements nécessaires pour cela, l'œuvre que je viens d'examiner succinctement répondrait à un besoin et serait, je crois, assurée d'un résultat profitable au pays tout entier.

M. A. Kleczkowski, Consul général de France à Montréal, exprime la même opinion, dans son *Rapport n° 545*, en ces termes :

« Une dernière observation peut avoir sa place ici. Les lettres qui nous arrivent de France révèlent trop souvent que les commerçants qui s'adressent à nous ignorent bien souvent les sources de renseignements auxquelles ils pourraient puiser en France. Beaucoup ignorent l'existence de l'Office national du Commerce extérieur à Paris : d'autres n'ont jamais entendu parler du *Moniteur officiel du Commerce* ni des *Annales du Commerce extérieur*. Ils s'épargneraient à eux-mêmes bien des pertes de temps, et à notre chancellerie un travail inutile, s'ils étaient mieux renseignés. Qu'en faut-il conclure, sinon qu'il y aurait avantage à recourir à tous les moyens de publicité pour répandre le plus possible ces notions nécessaires. Des articles pourraient paraître de temps en temps dans les journaux en vue d'expliquer le fonctionnement de l'*Office National* qui a déjà rendu tant de services et de montrer, en même temps, tout le parti que les commerçants, désireux de s'instruire, pourraient tirer d'un contact plus fréquent et avec cette institution, et avec les publications dont j'ai rappelé les titres, qui, à beaucoup d'entre eux semblent être totalement étrangères. Il n'en serait pas moins utile qu'au point de vue spécial du Canada, ils apprissent à connaître notre Chambre de Commerce française de Montréal, dont les travaux méritent d'être loués, et le *Bulletin mensuel* publié par les soins de cette Compagnie, si digne de sympathie et d'encouragement. »

En tous les cas, vulgariser les informations est un point aussi important que les recueillir. C'est ce que je voulais établir en passant.

Je retiens, de l'examen précédent, ce principe : *Nécessité de relations directes et permanentes avec les clientèles étrangères.*

CHAPITRE IV

REPRÉSENTANTS ISOLÉS

Question de chance. — Salaire problématique et insuffisant. — L'avis
de la Chambre française de Londres et de divers Consuls. — Traitement fixe en plus de la commission. — Principe à retenir.

Beaucoup de fabricants ont individuellement tenté
les affaires à l'étranger par l'entremise de représentants
à la commission. Une partie d'entre eux ont obtenu de
bons résultats. Un assez grand nombre ont éprouvé
des déceptions et des pertes d'argent. Certains n'ont
jamais revu leur collection d'échantillons ni entendu
parler d'elle.

Loin de moi la pensée de douter de l'honorabilité
des représentants en général. Mais l'absence de tout
engagement sérieux, lorsqu'il s'agit de représentation
à la commission, comme aussi l'absence de garanties
de capacité et d'activité de part et d'autre, enlève toute
base positive à l'affaire. C'est plutôt une chance à
courir dans une loterie qu'un effort sérieux.

D'une manière générale, en effet, un représentant de
quelque valeur, connaissant bien la place sur laquelle
il opère, ayant de bonnes relations avec la clientèle,
jouissant de l'estime et de la considération des acheteurs,
se trouve, de ce fait, en possession d'un capital, — et
vous, fabricant, ne pouvez vraiment avoir la prétention
d'obtenir la jouissance de ce capital contre paiement

d'une minime commission. A un autre point de vue, il faut admettre que tout représentant a droit à une indemnité en raison du temps consacré par lui à introduire sur son marché une maison nouvelle.

Il y a quelques années, la Chambre de commerce française de Londres écrivait avec infiniment de raison[1] :

« Il existe fort peu d'articles pour lesquels l'on peut trouver ici un agent convenable en lui offrant une simple commission.

« Nous pouvons affirmer, en thèse générale, que, lorsqu'il s'agit de créer pour une maison une clientèle anglaise, que ce soit pour les vins, cognacs ou pour toute espèce d'articles manufacturés, il est de toute nécessité de donner à son agent, au moins pendant un an ou deux, non seulement une commission comme paiement de son travail, mais aussi des appointements fixes qui lui permettront de couvrir une partie de ses frais de bureau et de déplacement. Ces frais sont assez importants ; les heures de travail en Angleterre sont courtes, les acheteurs ne sont visibles que pendant quatre ou cinq heures, le matin seulement et même pas tous les jours de la semaine ; souvent il faut se les rendre sympathiques par de petits présents ; de plus, les distances à parcourir sont grandes : de là l'obligation d'user de moyens de locomotion rapides et nécessairement coûteux. La connaissance que nous avons du pays nous force à reconnaître que, pour être bien servi, il faut, en plus de la commission, accorder à un bon agent un fixe de 1.500 à 2.000 francs par an. »

1. Cité par M. Jean Périer, Attaché commercial à l'Ambassade de Londres, dans son étude *Une année de mission commerciale*, publiée par l'Office du Commerce extérieur. Prix : 30 centimes.

Mais, ainsi que le dit M. Jean Périer, assez rares sont les fabricants français qui peuvent mettre un agent à même, par la seule représentation de leur article, de se créer une belle situation.

M. Maurice Damour, Consul de France à la Nouvelle-Orléans, dit, d'autre part, dans son très intéressant *Rapport n° 430 (États-Unis : Commerce, navigation et affaires françaises à la Nouvelle-Orléans pendant l'année 1903-1904)* :

« **Représentations.** — Ce système de vente est celui que semblent préférer la plupart de nos exportateurs, soit parce qu'il est moins onéreux, soit parce qu'il répond peut-être aux anciennes tendances du commerce français et n'oblige l'exportateur à aucun dérangement : la marchandise est vendue, facturée, expédiée, la traite à quatre-vingt-dix jours est remise au banquier, l'affaire est terminée : méthode très prudente d'opérer et de limiter ses risques, mais méthode qui a fort peu réussi jusqu'à ce jour et à laquelle s'obstinent cependant la plupart de nos maisons qui, afin de développer leurs affaires, demandent « ingénûment » qu'on leur fasse connaître des représentants sérieux, actifs, intelligents, connaissant la place, pour s'occuper de la vente de leurs produits.

« La correspondance adressée à ce consulat peut faire foi de cette tendance de nos principaux exportateurs de vins, liqueurs, fruits, denrées alimentaires, « à employer le représentant en se bornant à le deman-« der comme un article stock ».

« Et cependant, c'est peut-être pour ces produits que la représentation ainsi organisée présente le plus d'in-convénients.

« C'est d'abord la grande difficulté qu'on éprouve dans le recrutement d'agents sérieux (je reviendrai tout à l'heure sur cette intéressante question sur laquelle on ne saurait trop retenir l'attention des négociants) qui consentent à s'occuper du placement d'articles, sans recevoir d'allocation ou se contentant de quelques frais de bureau et de correspondance et d'une modeste commission de 5 à 10 0/0 sur la vente d'articles dont le placement exige des frais journaliers considérables.

« Obligé, pour subvenir à toutes les dépenses que ce genre d'affaires implique et dont j'ai donné un aperçu au sujet des affaires de vin, de solliciter des cartes de maisons différentes, et d'avoir le plus grand nombre de représentations possibles, ils ne peuvent s'occuper sérieusement.

« Puis, la commande étant obtenue, le client doit généralement attendre plus de deux mois sa marchandise, les représentants ne passant généralement les ordres que lorsqu'ils ont pu en réunir un certain nombre. Enfin, le représentant ne s'occupant dans la plupart des cas que de la commission n'a généralement pas sur place la surface commerciale et la notoriété qui peuvent faciliter bien des affaires et décider bien des clients.

« Aussi est-il bien difficile de trouver des représentants tels que nous les concevons, qui peuvent rendre à des maisons d'utiles services. Nos exportateurs ne se rendent malheureusement pas suffisamment compte de cela, et bien souvent ils ne devraient rechercher la cause de la stagnation de leurs affaires que dans la façon dont le plus grand nombre se font représenter. »

De M. Georges Terver, Vice-Consul à Belgrade, dans son *Rapport n° 555 sur le Commerce de la Serbie en 1904 :*

« L'agent de commerce représentant les maisons françaises doit être choisi avec le plus grand soin ; il arrive trop souvent que des négociants français se mettent en relations, par des annonces dans les journaux par exemple, avec des individus quelconques qui se donnent comme agents de commerce et sur lesquels ils ne prennent que des renseignements insuffisants. Ces individus placent des marchandises chez des négociants dont l'honorabilité commerciale est douteuse et à qui tout crédit est refusé, et ils réclament aussitôt leur commission ; presque toujours le négociant serbe dont il s'agit fait de mauvaises affaires, et il est impossible d'en tirer le moindre paiement.

« Je reçois journellement plusieurs lettres de négociants français contre des marchands serbes ; j'apprends — renseignements pris — que la maison serbe en question a mauvaise réputation, et cependant l'agent représentant le commerçant français n'a pas hésité à lui confier des marchandises, et cela même sans faire « accepter » la traite correspondante, ce qui rend toute poursuite illusoire.

« J'ai eu à répondre à tant de réclamations, trop nombreuses à énumérer, contre de soi-disant agents de commerce pour ne pas insister sur ce point et mettre en garde contre eux nos industriels et nos commerçants.

« Il est donc indispensable, je le répète, de ne confier de représentation qu'à des agents honnêtes, actifs, sérieux, offrant des garanties, qui connaissent bien le marché et la solvabilité des commerçants serbes. Je reconnais les difficultés que rencontrent mes compatriotes dans le choix d'un représentant sûr en Serbie, mais il me serait cependant possible d'en indiquer quelques-uns. »

De M. A. Kleczkowski, Consul général de France à Montréal :

« De grands efforts ont été faits en France depuis vingt à vingt-cinq ans pour stimuler notre commerce extérieur. Ils ne sont pas restés stériles, puisque ce commerce, aux dernières statistiques, dépassait neuf milliards de francs, chiffre qui n'avait pas encore été atteint. Au Canada, le chiffre de nos affaires a presque triplé en dix ans. C'est un symptôme dont il faut reconnaître le caractère encourageant. Les lettres de plus en plus nombreuses que des commerçants de France adressent à notre chancellerie, montrent que leurs vues se portent vers ce pays. Il faut protester encore une fois contre l'illusion que se font encore beaucoup d'entre eux qui croient à l'efficacité de la correspondance seule, comme moyen de nouer des relations d'affaires sérieuses. Que de fois des noms d'agents « honnêtes », « intelligents », « actifs », nous sont demandés var de braves gens fermement résolus à ne pas bo..ger de leurs comptoirs et à se contenter de l'indication que contiendra notre réponse, dont presque toujours nous ne pouvons attendre nous-mêmes aucun résultat efficace. »

On ne saurait donc conseiller trop la prudence aux fabricants français dans le choix de représentants à l'étranger. Qu'ils prennent toutes les informations possibles avant de confier leur collection, et leurs intérêts, à un représentant. Ils peuvent s'adresser à l'Office national du Commerce extérieur, aux Chambres de commerce françaises à l'étranger, aux agences sérieuses de renseignements commerciaux. Ils doivent demander des références. Le moyen peut donner de bons résultats, à condition qu'on ait pris ses précautions. Mais il est établi qu'un fabricant isolé de moyenne importance a peu de chances d'être représenté à l'étranger d'une manière sérieuse par un représentant à la commission. Il faut, pour pouvoir espérer un résultat, assurer à l'agent un traitement fixe. C'est une dépense que ne peut pas faire un petit fabricant.

Donc, au point de vue auquel je me suis placé, le moyen n'offre pas d'autre intérêt que de montrer le désir manifesté par de nombreux industriels de se créer des relations directes avec la clientèle étrangère. C'est là une heureuse disposition, qui facilitera le succès de toute organisation ayant aussi ce but, si cette organisation est utilisable par les petits industriels.

L'étude précédente nous permet, toutefois, d'établir que, *pour avoir un représentant sérieux, il faut pouvoir lui assurer un traitement fixe, en outre d'une commission sur les affaires traitées.*

CHAPITRE V

COMPTOIRS D'EXPORTATION. — GROUPEMENTS COMMERCIAUX
VOYAGES A FRAIS COMMUNS

M. Jean Périer et les Groupes d'expansion commerciale. — La Chambre française de Montréal et les Groupements commerciaux. — M. Maurice Damour, Consul à la Nouvelle-Orléans, et les Comptoirs nationaux de l'exportation française. — Voyages à frais communs. — Succès modéré de ces divers procédés. — Principes à retenir.

La constatation des imperfections du système des représentants isolés a amené la constitution de groupements spéciaux, dits Comptoirs d'exportation, permettant, par l'association, de surmonter dans une certaine mesure les difficultés que je viens de signaler, et dont l'idée originelle appartient à M. Jean Périer.

Voici ce que dit M. Périer à ce sujet dans son rapport intitulé : *Une année de mission commerciale :*

« Nous avons eu la chance d'être entendu et de pouvoir prêter notre aide à la création d'une société qui, avec le patronage d'hommes éminents, s'est constituée sous le nom de « Groupes d'expansion commerciale[1] », dans le but d'organiser des comptoirs d'exportation. Sorte d'intermédiaire entre les fabricants qui désirent être représentés et les Français de l'étranger qui cherchent des représentations, elle centralise les demandes des uns et des autres, les classe par pays et

1. Pour tous renseignements, s'adresser au secrétaire : 5, rue de Beaune, Paris (7°).

par spécialités et s'efforce de procurer à chaque Agent qu'elle a agréé toute une série de représentations concernant des articles similaires mais non concurrents.

« L'originalité de la combinaison a consisté à adapter au caractère français une organisation pratiquée depuis longtemps par les Allemands. Il était, en effet, nécessaire de la modifier, car, sous sa forme germanique, elle n'avait guère chance de succès en France. Comme on le sait, nos voisins d'Outre-Rhin ont un grand esprit d'association; on n'en saurait dire autant de nous. Un industriel allemand a-t-il l'idée d'avoir un représentant ou un voyageur à frais communs, il s'adresse à des fabricants de sa région faisant des articles de la même spécialité que les siens, mais ne les concurrençant pas et, bientôt, une entente ne tarde pas à se former entre les intéressés. La chose est infiniment moins aisée en notre pays; souvent même, par suite de petites jalousies ou dissensions locales, le fait de se connaître empêchera plus qu'il ne facilitera la conclusion d'un accord à cet égard. On a surmonté cette difficulté en créant des « Groupes d'expansion commerciale » qui, en réalité, ne sont nullement des syndicats à la mode allemande. Ils ne comportent que des contrats séparés entre chaque fabricant adhérent et le représentant qu'il veut bien accepter.

« Ainsi que l'écrit le bureau des études de l'Asso-
« ciation : « Nous rapprochons nos adhérents, nous ne
« les associons pas. Toutefois il est bien entendu que
« nul ne sera admis dans un groupe sans que nous
« ayons pris l'avis des premiers adhérents qui ont
« commencé à le constituer. S'il y avait syndicat, il
« faudrait attendre qu'un groupe fût au complet pour
« fonctionner, et cela après la signature d'un contrat

« collectif. Par contre, avec notre système chaque comp-
« toir existe dès qu'il y a un adhérent et un représentant ;
« puis, il se complète au fur et à mesure des adhésions
« spontanées ou provoquées par nous.

« Les « Groupes d'expansion commerciale » ont aussi
parfaitement bien compris que, si l'on veut se procurer un agent véritablement sérieux et actif, il faut lui
donner, en plus de sa commission, un certain fixe.
C'est là une nécessité qui échappe trop souvent à un
grand nombre d'exportateurs. Ils sont sous l'impression
qu'un représentant doit se contenter d'une simple
commission, alors que ce dernier aura généralement
à travailler infructueusement pendant plusieurs mois
avant d'obtenir des ordres pour une maison qui n'est
pas encore connue des négociants anglais...

« Les « Groupes d'expansion commerciale » ont compris, disions-nous, cette nécessité. Ils assurent donc à
leurs représentants un fixe, même un fixe très important. Mais, comme ils arrivent à ce résultat par la
réunion de sommes versées par trois, quatre, six et
parfois même huit adhérents, il se trouve que la contribution demandée à chacun d'eux est très légère. Les
avantages que cette association assure aux représentants comme aux exportateurs sont donc très réels.
Aussi est-elle parvenue, en moins d'un an, à organiser
à Bruxelles un comptoir de spiritueux au complet
avec huit adhérents, et à jeter les bases de plusieurs
comptoirs déjà partiellement constitués : en Angleterre,
à Francfort, à Copenhague, au Canada, à New-York, à
la Nouvelle-Orléans, à Rio-de-Janeiro, à Hong-Kong
et à Buenos-Ayres. »

La contribution fixe demandée à chaque adhérent est
de 1.000 francs par an.

De son côté, la Chambre de commerce française de Montréal a organisé des « Groupements commerciaux » pour favoriser le développement des relations commerciales entre la France et le Canada.

L'idée directrice et le fonctionnement en sont exposés comme suit dans le *Bulletin mensuel* de cette Chambre, de mars 1905 :

« La Chambre de commerce française reçoit de nombreuses demandes d'Agents et de Représentants de la part de maisons françaises désireuses de trouver au Canada de nouveaux débouchés pour leurs produits.

« Ces demandes sont, depuis quelque temps, devenues si fréquentes que nous sommes réduits trop souvent à indiquer à nos correspondants les noms de maisons canadiennes qui ont déjà plusieurs représentations du même genre.

« D'ailleurs, le négociant en gros dont la clientèle est toute faite, n'ayant qu'à attendre les ordres de celle-ci, peut difficilement suppléer le représentant qui atteint la clientèle encore inconnue, et en fait connaître les besoins et les goûts.

« De plus, nous comprenons que l'envoi à l'étranger d'un représentant attitré constitue une dépense et un risque : c'est un voyage à payer, un traitement à allouer, un bureau à installer, etc., frais considérables et qui sont une charge trop onéreuse pour une maison seule, et qui n'espère peut-être pas arriver à un chiffre d'affaires capable de couvrir ces dépenses.

« La difficulté est donc double : trouver un bon représentant, et pouvoir le maintenir à son poste en le rémunérant convenablement.

« Pour arriver à résoudre ce problème, nous avons d'abord considéré qu'il y a à Montréal un certain nombre de nos compatriotes travaillant à se créer une situation, qui sont parfaitement qualifiés pour faire de bons représentants, et qui souvent cherchent, sans pouvoir y réussir, à représenter des maisons françaises.

« Nous avons cherché à utiliser et à rapprocher ces deux éléments qui se présentent à nous : d'un côté, les offres, et, de l'autre, les demandes de représentations.

« Ceci nous a amenés à classifier les offres d'agences nous arrivant de France, et nous avons créé dix groupes ou catégories de spécialités commerciales similaires, quoique ne se faisant pas concurrence.

« Ce sont :

« I. *Vins, spiritueux et liqueurs.* — Vins de Bordeaux, de Bourgogne, de Champagne, de Saumur, Mousseux, du Midi, Algériens, Cognacs, Fine-Champagne, Liqueurs fines.

« II. *Alimentation.* — Conserves de légumes, sardines, pâtés de viande, fruits, noix et amandes, biscuits, pâtes alimentaires, thés et cafés, chocolats, vanilles et essences, beurres et œufs.

« III. *Tissus et nouveautés.* — Articles de mode, soieries, crêpes, mousselines, dentelles, rubans, chapeaux, articles de mercerie, de passementerie, lingerie.

« IV. *Habillement.* — Ganterie, bonneterie, chemiserie et chapellerie pour hommes, sous-vêtements, tissus élastiques, chaussures.

« V *Articles de Paris, du Jura, etc.* — Objets d'art, ameublements, bijouterie, verrerie, porcelaines, articles de fumeurs, lunetterie et optique.

« VI. *Produits chimiques et pharmaceutiques.* — Amidons, savons, parfumerie, brosserie, huile de foie de morue, tissus imperméables, articles en caoutchouc, taffetas gommés, gomme arabique, colles, gélatines, bleu d'outremer, plombagine, sulfate de baryte.

« VII. *Matières premières pour l'industrie*. — Peaux, laines, cotons, bois, pulpe, huiles industrielles.

« VIII. *Industries métallurgiques*.—Métaux, quincaillerie, articles de ménage, outils, verres à vitres, couleurs, appareils d'éclairage électrique et autres, horlogerie, montures métalliques pour parapluies, appareils ignifuges, siphons, seltzogènes, pierres à aiguiser, pierres ponces.

« IX. *Librairie*. — Gravures, images, librairie religieuse, cahiers d'école, fournitures de bureau.

X. *Machines et articles de sport*. — Machines agricoles, articles de chasse et de pêche, automobiles.

« Il est à remarquer que ces différentes spécialités représentent des marchandises dont l'exportation de France au Canada varie de 200.000 à 1.000.000 de francs par an.

« Or, nous pouvons placer à la tête de chacune de ces catégories un jeune homme pris parmi ceux que nous avons à notre disposition, honnête, ayant de bonnes références, actif, bien qualifié, et dont les connaissances commerciales s'appliquent aux marchandises comprises dans une des catégories.

« Il est évident que ce représentant bien rémunéré, et travaillant sous le patronage moral de la Chambre de commerce, pourrait faire ici d'excellent ouvrage, agissant sur place, visitant directement la clientèle, en un mot, représentant réellement chacune des maisons de son groupe, et poussant la vente de ses produits.

« Voilà donc le Représentant trouvé.

« C'est maintenant sa rémunération, ainsi que ses frais d'installation et de fonctionnement qui sont l'obstacle qui se dresse.

« Il tombera facilement le jour où l'on pourra trouver cinq ou six maisons françaises consentant à s'unir ensemble pour former un groupe vendant les marchandises désignées dans une des catégories dont il est question plus haut, et à avoir un représentant commun.

« Alors, en effet, les dépenses qui auraient pu auparavant effrayer chacune d'elles, se trouveront partagées en autant de parts. En accordant, par exemple, chacune un millier de francs par an au Représentant désigné par la Chambre, et en lui allouant tant pour cent sur ses ventes, on le mettrait en état de fonctionner sérieusement pour le bénéfice de tous en général, et celui de chacun en particulier.

« L'idée a déjà, du reste, été expérimentée ailleurs et a donné de bons résultats.

« Remarquons de plus, avant de terminer, qu'au printemps de la présente année, la ligne Allan, une puissante Compagnie de Montréal, va organiser un service direct bimensuel entre le Canada et la France.

« Il est inutile de dire que l'établissement de cette ligne directe, donnant aux exportateurs français une plus grande facilité pour expédier leurs produits au Canada, va amener un développement considérable dans les relations commerciales entre ce pays et la France.

« Si quelques-uns de nos lecteurs s'intéressaient à ces groupements commerciaux et désiraient faire partie de l'un d'eux, ils pourraient s'adresser à notre Chambre, à Montréal, 230, Board of Trade Building, en mentionnant sur l'adresse : « Service des Groupements commerciaux. »

M. Maurice Damour, Consul de France à la Nouvelle-Orléans, dans un rapport déjà cité [1], après avoir examiné les différents moyens usités par le commerce français pour la vente aux États-Unis, expose comme suit l'organisation qu'il préconise :

« ... Cet exposé des diverses méthodes commerciales suivies par le commerce français dans ce pays ne serait pas complet si je n'essayais pas d'en dégager des considérations utiles, et des avis pratiques que je condenserai dans une méthode commerciale encore inusitée, mais qui, pour n'être pas encore admise, n'en a pas moins été préconisée.

« Elle est restée jusqu'à l'heure dans le domaine de la théorie, n'attendant pour entrer dans celui des actes et des faits que le moment où elle pourra s'établir sur les bases pratiques qu'exige le succès des transactions commerciales.

COMPTOIRS NATIONAUX DE L'EXPORTATION FRANÇAISE

« Ce titre, qui constitue la dénomination de la méthode à laquelle je fais allusion, suffit à lui seul, sinon pour la définir, du moins pour donner une idée de la façon dont s'effectuerait la vente de nos produits.

« Si l'on songe que, sur le total des affaires que nous faisons avec les États-Unis, un cinquième seulement se traite dans ce pays, les quatre cinquièmes étant effectués soit directement, soit par l'intermédiaire de représentants américains ou de commissionnaires, on ne peut s'empêcher, bien que ces faits démontrent surabondamment la renommée de nos produits invariablement connus et appréciés, de déplorer les consé-

---

1. *Rapport n° 430*, publié par l'Office national du Commerce extérieur.

quences qu'ils peuvent avoir et qu'ils on sur l'énergie et l'initiative de nos négociants exportateurs. Ils prouvent, en effet, que leur initiative est des plus limitées, qu'ils ne peuvent se résigner à solliciter le consommateur étranger, et à l'aller trouver pour élargir le cercle de leurs affaires.

« Or, avec les difficultés actuelles multipliées par la concurrence à outrance, il est certain qu'il est absolument nécessaire que les producteurs conservent un contact constant avec le consommateur. On a vu plus haut comment nos négociants croyaient résoudre ce problème, et l'on sait malheureusement par les statistiques comment il est résolu. Tous les jours, les conséquences éclatent à nos yeux par des diminutions de plus en plus grandes.

« Mais comment le représentant, comment le voyageur, comment l'agent général pourraient-ils conserver ce contact continuel avec le consommateur? Le représentant est insuffisamment rétribué pour prendre un intérêt soutenu, le voyageur ne fait que passer, et, quant à l'agent, les nombreuses affaires que New-York lui donnent suffisent à son ambition et à sa peine.

« Et c'est ici qu'apparaît le rôle efficace que pourraient remplir les comptoirs d'exportation.

« Je constate qu'il existe déjà une organisation qui malheureusement n'est pas assez connue ou plutôt pas assez répandue, je veux parler des musées d'échantillons. L'Office national du Commerce extérieur et plusieurs Chambres de commerce françaises à l'étranger ont ainsi contribué à faire connaître dans certains pays des articles qui ont pu y trouver un placement.

« Mais cette enquête ne devrait pas seulement porter sur les marchandises susceptibles d'être importées et qui constitueraient le fret d'aller de nos bateaux, mais aussi des marchandises pouvant être exportées vers la France, ce qui constituerait le fret de retour. Notre navigation ne doit pas, en effet, être oubliée. Car, dans une large mesure, elle pourrait bénéficier de ce mouvement et de ces transactions.

« Qu'on me permette une digression à ce sujet par un seul exemple que je ne fais que rappeler, l'ayant déjà mentionné au chapitre de la *Navigation*, mais qui apportera la preuve de ce que nous pourrions faire en adoptant cette nouvelle méthode commerciale.

« La part du pavillon français est loin d'être équivalente à l'importance de nos importations et une grosse part de notre fret voyage sous pavillon étranger de Liverpool, de Londres, d'Anvers. Il en est forcément de même pour le fret de retour qui est des plus importants, et qui est toujours assuré par les cotons, bois ou autres produits de ce pays. Il est certain que nos bateaux, à la faveur d'un fret d'aller important fourni par les comptoirs nationaux de l'étranger, pourraient venir plus souvent et en plus grand nombre.

« Deux éléments sont essentiels pour la bonne marche d'une organisation telle que je la conçois : d'abord, un Agent sérieux, intelligent, actif et connu sur la place, ensuite un stock de marchandises suffisant pour parer aux besoins immédiats de la clientèle et destiné à faire patienter le client jusqu'à l'arrivée de la marchandise, évitant ainsi, par une livraison partielle immédiate, qu'il soit tenté de s'adresser à d'autres fournisseurs.

« Il n'est pas douteux que le facteur principal du succès d'une semblable entreprise est son représentant, et que c'est de son choix que dépendra l'avenir du comptoir qui lui sera confié.

« Cet agent aurait, en effet, à soumettre journellement à la clientèle de la place les produits composant le stock que les exportateurs français auraient constitué. Tous les jours, non seulement dans la ville, mais aussi, dans une certaine limite, aux environs, il devrait, aidé au besoin par des employés qu'il aurait sous ses ordres, visiter les grandes maisons de vins, de conserves, de produits pharmaceutiques.

« Il y a certainement dans les grandes villes de l'étranger, parmi nos compatriotes, des personnes capables de faire d'excellents agents ; en dehors d'eux, il y a, parmi les anciens élèves des écoles de commerce, une source précieuse de ces représentants qui pourraient, à des époques déterminées de l'année (tous les mois, tous les trois mois) soumettre le résultat de leur gestion à un conseil d'administration qui serait composé de Conseillers du Commerce extérieur de la France et de quelques notables français qui pourraient être indiqués par le Consul. »

L'organisation de *voyages à frais communs* procède du même principe que les Groupements commerciaux. Mais ce moyen exige plus de dépenses et demande à être répété deux ou trois fois avant de donner un résultat. Il est, certes, de ceux à préconiser, mais il ne peut être employé d'une façon régulière que par les industriels qui disposent d'assez grandes ressources.

En outre, pour être réellement fécond, il demande à être complété par l'installation de représentants destinés à conserver le contact avec les clients dans les intervalles qui séparent les passages sensationnels du voyageur.

Il est incontestable que les Comptoirs d'exportation, les Groupements commerciaux et les Voyages à frais communs sont d'une grande utilité. Ils ont rendu déjà de grands services, et j'aime à espérer que les fabricants français en assureront la prospérité.

Pour ce qui me concerne, je me suis fait et me ferai toujours un devoir de contribuer à leur développement dans la mesure de mes forces.

Mais je suis bien forcé de constater qu'ils ne se sont pas créé, jusqu'à ce jour, une place prépondérante, malgré l'appui quasi-officiel qu'ils ont trouvé. Je veux dire que l'on y compterait difficilement les maisons par centaines.

Peut-être est-ce parce que la contribution fixe, annuelle de 1.000 francs n'est pas autant à la portée des moyens et des petits industriels qu'on semble le penser ?

Les maisons qui peuvent payer 1.000 francs par an sont portées à rechercher un agent spécial ; elles sont en état d'agir sans aide, ou se croient en position d'agir ainsi. C'est cependant parmi cette catégorie d'industriels que les groupements cités doivent trouver leurs adhérents.

Les petites maisons, qui sont le nombre et qui pourraient assurer le succès de ces groupements, ne peuvent pas payer 1.000 francs par an. Elles auraient intérêt à s'efforcer de faire ce sacrifice, très probablement. Mais il faudrait en faire à chacune la démonstration, ce qui ne serait pas facile. Et, en cas de résultat insuffisant, une fois le lourd sacrifice consenti, on aurait à craindre un découragement exagéré, peut-être même contagieux.

Me référant à la condition fondamentale constituée

par l'état de démocratie industrielle qui caractérise la France, je retiendrai de l'examen qui précède les principes suivants :

Association entre fabricants non concurrents pour la représentation à frais communs ;

Réunion dans les mains d'un même agent de représentations d'industries similaires mais cependant non concurrentes, c'est-à-dire spécialisation de lA'gent.

CHAPITRE VI

EXPOSITIONS D'ÉCHANTILLONS ET MUSÉES COMMERCIAUX

Définition. — Foires de Leipzig. — Expositions diverses. — La Foire de Paris. — Musées commerciaux : leur impuissance. — Principe à retenir.

C'est un ensemble de procédés divers employés pour faire connaître au public les articles que les producteurs désirent écouler.

Tout le monde connaît les expositions dites « Foires d'échantillons de Leipzig ». Elles sont périodiques. Là se rencontrent des négociants venus de toutes les parties du monde. Très importantes, elles sont l'objet de la plus grande attention de la part des pouvoirs publics et de la Chambre de commerce de Leipzig, qui veillent à leur conserver toute leur activité.

Le succès de la foire d'avant Pâques de 1906 a même affirmé à nouveau l'importance croissante de ce grand marché annuel. Les exposants ou vendeurs ont été au nombre de 3.159 (en augmentation de 229 par rapport à l'année précédente), dont 47 maisons françaises. Elle a été visitée par 25.000 à 30.000 visiteurs. (Voir, à ce sujet, le rapport de M. de Valois, consul général de France, publié dans le *Moniteur officiel du Commerce* du 19 avril 1906.)

Les principaux manufacturiers des États-Unis vont inaugurer une autre sorte d'exposition d'échantillons. Ils se préparent à fréter à frais communs un grand navire ; dans un vaste salon aménagé sur le pont sera une véritable exposition, un certain espace y étant accordé à chaque manufacture pour les échantillons de ses produits.

Ce navire, ainsi transformé en exposition flottante, visitera les principaux ports du monde.

Diverses tentatives d'expositions flottantes ont d'ailleurs été faites dans différents pays. Je n'en parle que pour mémoire, car je ne sache pas qu'elles aient donné des résultats. En outre, la cherté du procédé ne me permet pas de le prendre en considération.

Il paraît, d'autre part, qu'un groupe de maisons américaines arrive à un gros chiffre d'affaires par l'exposition préalable dans de grands locaux de Buenos-Ayres des produits qu'elles vendent. C'est sur le vu de ces échantillons que se font les transactions et que sont données les commandes. (Voir le *Dictionnaire du Commerce, de l'Industrie et de la Banque*, de MM. Yves Guyot et A. Raffalovich ; Paris, Guillaumin, éditeur.)

A Paris, un intéressant essai est tenté dans le même ordre d'idées : c'est la « Foire de Paris ». De création récente, elle a pris cette année une extension assez considérable avec 308 exposants, représentant 145 industries.

Mais il est encore difficile de pouvoir dire si elle atteindra quelque jour une importance comparable à celle de la Foire de Leipzig.

Le caractère des Expositions d'échantillons est donc de *réunir temporairement, dans un même lieu, des échantillons et des vendeurs d'articles divers* et de constituer ainsi un centre susceptible d'attirer les acheteurs de tous les pays.

Il ne faut pas oublier que la généralité des acheteurs

préfèrent de beaucoup ne pas se déranger, donc qu'il appartient plutôt aux vendeurs d'aller solliciter les clients chez eux. D'une manière générale, cet état de choses ne me semble pas favorable aux expositions d'échantillons de création récente, organisées sur les lieux de production.

Cependant, en France, où les procédés de vente retardent sensiblement sur ceux employés par les industriels des autres nations, la Foire de Paris peut être considérée comme une étape vers l'établissement de relations directes entre fabricants français et acheteurs étrangers, comme une phase de l'évolution à laquelle le progrès nous ordonne de nous soumettre. Ne fût-ce qu'à ce titre, il faut souhaiter le développement de cette exposition d'échantillons et encourager les fabricants, surtout les petits fabricants, à y prendre part. D'ailleurs, l'attrait qu'offre Paris aux étrangers et les ressources d'invention qui caractérisent notre pays viennent ajouter des chances sérieuses de succès soutenu à la Foire de Paris.

Les Expositions d'échantillons sont *temporaires*.

Les Musées commerciaux sont *permanents*.

On pourrait ajouter que les Musées commerciaux servent principalement à renseigner les producteurs sur les besoins de l'étranger, et par conséquent à les guider dans l'ouverture de nouveaux débouchés, tandis que les Expositions temporaires s'adressent aux consommateurs devant qui elles sont ouvertes.

Des Musées commerciaux existent à Bruxelles, à Cologne, à Vienne, à Budapest, etc. A Paris, existe l'Office colonial.

L'accouplement du mot musée et du mot commercial est tout à fait anormal. Musée signifie conservaion, stagnation, passivité. Commerce signifie évolution, mouvement, activité.

Tenir à jour les documents, échantillons, etc., contenus dans un musée commercial, pour chacune des innombrables spécialités de l'industrie, — suivre les changements de la mode, des goûts, des conditions économiques des différents pays du monde, — est une œuvre impossible à mener à bien.

Le musée commercial, considéré à certains points de vue particuliers, a son utilité. Hors de là, il est condamné à l'impuissance.

Il doit être classé parmi ces institutions très utiles autrefois peut-être, mais ne répondant plus aux nécessités de notre époque.

Le rôle du musée commercial est passif. Celui des expositions d'échantillons est actif. Or, de nos jours, il faut agir, et, comme il faut agir continuellement, je déduirai des observations précédentes la nécessité d'introduire dans l'organisation que je cherche à établir, le principe de *la permanence d'expositions d'échantillons sur les lieux où l'on veut vendre.*

CHAPITRE VII

DIVERS AUTRES MOYENS

Les conditions locales des affaires ont suscité un peu partout des combinaisons nombreuses dont je crois devoir citer quelques-unes, malgré qu'elles se rattachent toujours aux moyens généraux que nous venons de passer en revue. On y trouve, d'ailleurs, beaucoup d'indications et d'enseignements profitables.

Extrait du Rapport n° 551, de M. Ch. de Valicourt, Consul de France à Valence (Espagne). — « Dans le dernier mémoire sur Valence, l'on a préconisé au point de vue français le groupement des intérêts, les syndicats d'exportation, l'organisation du mouvement dans le pays de production comme dans le pays de destination.

« Un effort louable en ce sens est actuellement tenté à Valence par la Société franco-espagnole de consignation.

« Cette société, de création récente, représente notamment diverses maisons françaises appartenant à des branches distinctes d'industrie. Son rôle bienfaisant éclate sur les places désignées comme débouchés ; elle a établi dans toutes les régions d'Espagne des agences exclusivement chargées de la recherche des affaires pour le placement des produits.

« Une maison représentée par la Société franco-espagnole pourra donc, grâce à une simple correspondance
adressée au siège social, se faire connaître et vendre
ses articles simultanément dans plusieurs contrées es-
pagnoles sans courir le danger, ni affronter le travail
de traiter avec un grand nombre de mandataires dis-
tincts.

« L'exportateur économisera de la sorte un ou plusieurs
voyages par an, car ses échantillons envoyés au siège
central seront expédiés de ville en ville et présentés
par les soins des Agents de la société. A cet effet, ces
agents désignent eux-mêmes des courtiers qu'ils utilisent uniquement dans la spécialité traitée par chacun
desdits courtiers, et la marchandise est ainsi offerte au
client par un homme du métier connaissant à fond
l'article à vendre et les maisons susceptibles de l'acheter.

« La société mobilise le même personnel d'agents, avec
le concours de courtiers *ad hoc*, pour servir les maisons
qui désirent importer en France les produits espagnols
de toutes les régions de la Péninsule. Elle assume
également la mission de transporter les marchandises à
destination moyennant un forfait économique.

« Cette organisation, assurément perfectible, méritait
d'être décrite et encouragée. »

Extrait du Rapport n° 555, de M. Georges Terver, Vice-Consul
de France à Belgrade (Serbie). — « Ce qui permettrait
à nos importations de s'arrêter d'abord dans leur chute
et peu à peu de croître d'une manière sérieuse, ce serait la
réunion en groupe ou en syndicat des négociants français qui désirent faire des affaires en Serbie. Ces négociants s'occupant des différentes branches de notre

industrie et de notre commerce susceptibles de trouver
des débouchés en Serbie, devraient s'entendre pour
charger un représentant de confiance d'installer à
Belgrade une sorte de musée commercial où prendraient place les principaux produits de notre fabrication. Ces marchandises seraient renouvelées et payées
par le représentant au fur et à mesure de la vente;
le représentant toucherait un fixe et une commission :
la dépense serait minime pour chaque membre de ce
syndicat commercial.

« Cette façon de procéder aurait plusieurs avantages :
elle supprime, en premier lieu, tous les intermédiaires
autrichiens, hongrois ou allemands, intermédiaires
parfois peu scrupuleux qui sont plutôt, on le conçoit
aisément, une entrave au progrès de nos importations.

« Ensuite, l'acheteur serbe qui souvent n'a que peu
de relations en France et ne se sent que peu disposé à
écrire à une maison qu'il ne connaît pas pour se faire
envoyer tel ou tel produit, redoute de ne pas voir la
commande exécutée selon ses désirs, il préfère s'abstenir ; il est bien évident que la vue d'un article qui se
trouverait exposé au musée commercial que je voudrais
voir créer à Belgrade, le pousserait au contraire à s'en
rendre acquéreur.

« Quelques Français sont venus s'installer en Serbie
dans l'intention d'y fonder une agence de représentation
des maisons françaises; ils ont prospéré plus ou moins,
car la plupart du temps leurs moyens sont limités, et
dans de telles entreprises le capital est un levier bien
puissant.

« Le syndicat commercial dont j'ai parlé réunit toutes
les conditions de succès : suppression des intermédiaires, capitaux peu considérables, diversité des mar-

chandises, diminution des frais généraux pour chaque membre du syndicat. On pourrait faire à la fois le commerce de gros et de détail, et cela à peu de risques, puisque le représentant choisi, étant sur place, serait au courant de la solvabilité des maisons serbes avec lesquelles il serait appelé à entrer en relations.

« J'insiste tout particulièrement sur cette création de syndicats commerciaux qu'il serait intéressant de voir se réaliser dans les Balkans et qui pourraient s'y multiplier si le succès venait couronner les efforts tentés.

« Les industriels qui voudraient obtenir de plus amples renseignements sur cette question dont je n'ai pu qu'esquisser les grandes lignes et qui entreprendraient un voyage d'études en Serbie, me trouveront toujours prêt à les aider de toutes mes forces. Qu'ils n'oublient pas que « vouloir c'est pouvoir ».

Extrait du Rapport n° 533, de M. Camille Barrère, Ambassadeur de France à Rome. — « En constatant que les résultats généraux sont satisfaisants et que l'amélioration relevée depuis la conclusion de l'accord commercial s'est accentuée en 1905, on doit rappeler que nos exportateurs pourraient se créer en Italie une situation plus importante s'ils développaient leur système de représentation, s'ils se décidaient à fabriquer des articles bon marché et surtout s'ils consentaient à l'envoi des marchandises franco de port et de douane et s'ils accordaient les facilités de paiement concédées par leurs concurrents. »

M. Georges Lelorrain, Vice-Consul de France à Porto (Portugal), après avoir montré l'insuffisance des progrès de la France au Portugal, ajoute (*Rapport n° 542*) :

« Il faut en conclure que nos progrès méritent à peine d'être signalés. J'estime cependant qu'avec un tout petit effort nous devons nous placer, l'année prochaine entre l'Allemagne et les États-Unis.

« *Moyens à employer pour augmenter nos ventes dans la région de Porto.* — L'attention des intéressés a été appelée maintes et maintes fois sur les moyens qu'il convient d'employer pour développer notre commerce extérieur. Il n'est pas possible de reprendre cette question sans s'exposer à des redites. On ne saurait se lasser cependant de répéter énergiquement les mêmes choses, car il ne faut pas désespérer de voir à la longue nos commerçants et nos industriels céder aux exhortations de tous les Consulats sans exceptions, aux conseils et aux avis de toutes les Chambres de commerce françaises à l'étranger.

« Passons en revue les méthodes commerciales de vente usitées généralement. Voyons celles que nous appliquons et celles qu'emploient nos rivaux. Étudions les modifications qu'elles peuvent comporter et les avantages qui en résulteraient pour le développement de nos affaires dans cette région. Les considérations qui vont suivre conviennent non seulement au pays qui nous occupe mais à la plupart des pays étrangers où doit s'exercer notre action commerciale.

« *Lettres.* — *Prix courants et catalogues.* — Comme le disait M. Despessailles, Consul de France à Lisbonne, dans son *Rapport sur le mouvement commercial du Portugal en 1903*, les producteurs français « se renferment généralement dans leur tour d'ivoire et y attendent l'acheteur ». L'acheteur, hélas! ne vient et ne viendra plus. Le vendeur doit solliciter l'acheteur. Il doit s'y résoudre ou renoncer à vendre.

« Quelques-uns de nos commerçants, parmi les plus hardis, se risquent à l'envoi de lettres (offres de services), prix courants et catalogues. Ce moyen employé seul est suranné, archaïque. Les trois quarts des lettres ou imprimés sont jetés au panier. Il convient de faire entrer en scène un facteur commercial, populaire et classique d'ailleurs, mais que nous conservons jalousement en deçà de nos frontières : je veux parler du commis voyageur.

« *Commis voyageurs.* — Le commis voyageur est le triomphe du commerce extérieur allemand. L'Allemagne, qui était le pays de l'instituteur et du soldat prototype, l'est aussi du commis voyageur prototype. Il suffit de le dépeindre pour indiquer ce que doit être le nôtre. Aux qualités de l'Allemand que je vais énumérer, le commis voyageur français ajoutera nos qualités nationales : l'entrain et la bonne humeur, qui, dans un pays latin comme le Portugal, sont des talismans.

« Le commis voyageur allemand, que l'on rencontre couramment ici, est un homme plein de santé et de philosophie, qui voyage onze mois sur douze. Il se place au-dessus de toutes les misères, oublie que les trains de la péninsule ne sont ni confortables ni rapides, que les hôtels y sont le plus souvent mauvais, que les bateaux de petit cabotage ne sont pas comparables aux magnifiques paquebots de la Norddeutscher-Llyod et, qualité appréciable entre toutes, il lui indiffère que l'acheteur soit quelquefois nerveux et désagréable pourvu qu'il lui confie ses commandes.

« Il est souple, tenace, insinuant : il rentre par la fenêtre quand on le met à la porte. Il est patient avec les douaniers, déférent avec les autorités, discipliné.

« Ses collections sont nombreuses e variées : il sait que la propagande par les yeux est la seule vraie, que les acheteurs se laissent beaucoup plus séduire par l'objet qu'on leur présente que par celui dont on leur parle.

« Il s'incline devant les goûts de ses clients et, pour s'y conformer, ne néglige pas, si c'est nécessaire, de faire modifier la fabrication de ses articles.

« Il visite les grandes et petites villes, les gros et petits consommateurs ; ses échantillons sont toujours bien présentés ; ses emballages font l'admiration de la douane.

« Il est renseigné très exactement sur la solvabilité et l'honorabilité des industriels et commerçants et sait leur accorder très à propos des crédits de six mois, une année et plus.

« Il parle au minimum quatre langues : le français, l'anglais, l'allemand et l'espagnol. Je dirai même qu'au Portugal, le pays du monde peut-être où le français soit le plus répandu, le voyageur allemand, qui ne néglige pas d'ailleurs d'apprendre le portugais, se sert presque toujours de notre langue pour faire sa merveilleuse propagande. Et maintenant c'est une erreur de croire que l'article allemand est meilleur marché que le nôtre. Cela fut, mais cela n'est plus. L'article allemand se vend davantage parce que le voyageur allemand est partout et que le voyageur français n'est pour ainsi dire nulle part.

« Il était aussi difficile pour les maisons d'exportation allemandes qu'il l'est pour les maisons françaises de faire face au budget onéreux d'un ou plusieurs commis voyageurs.

« Mais cette difficulté n'a pas arrêté nos voisins.

Plusieurs maisons ou fabriques dé produits différents, ne se faisant point par conséquent concurrence, n'ont pas hésité à se constituer en syndicat pour supporter en commun les frais d'un voyageur les représentant toutes. Ce système a produit les meilleurs résultats. Il explique à lui seul l'abondance des voyageurs allemands qui parcourent le monde.

« L'Angleterre, plus que tout autre pays, s'émeut des progrès fantastiques de l'Allemagne. Elle constate douloureusement combien sa suprématie commerciale est menacée. Mais rien ne peut arrêter l'impulsion formidable de sa rivale. Un livre a paru à Londres qui a fait sensation : *Made in Germany*, de E. Williams. C'est un cri d'alarme auquel les Allemands répondent tranquillement que la théorie du « Fair Play » dont ils s'inspirent est une théorie préconisée en Angleterre et que les deux pays doivent se contenter de faire de leur mieux, chacun de leur côté, pour gagner respectivement le plus possible.

« Les choses en sont là, et les résultats parlent avec assez d'éloquence pour que nous nous persuadions bien en France que la route commerciale tracée par les Allemands est la bonne et que nous nous résolvions à la suivre.

« *Représentants de commerce.* — Dans la région de Porto, comme dans tout le Portugal, le commis voyageur n'est même plus suffisant pour lutter contre la concurrence. Il faut lui adjoindre un collaborateur : le représentant de commerce.

« L'un complète l'autre. Le représentant, établi sur la place, prend contact avec la clientèle en compagnie du voyageur, et ne quitte plus le contact. Le voyageur passe une ou deux fois l'an et, en même temps qu'il fait connaître au représentant les nouvelles créations de la maison, il se renseigne auprès de lui sur l'honorabilité et les goûts des clients.

« Les efforts combinés de ces deux agents font merveille. Les habitudes de Porto ont d'ailleurs si bien consacré la nécessité de cette dualité commerciale que l'on ne tient aucun compte d'un voyageur sans représentant ou d'un représentant sans voyageur.

« Le représentant se contentant d'une modeste commision, son emploi n'apporte pas d'augmentation sensible aux frais généraux de la maison, et, du reste, le surcroît d'affaires qu'il entraîne compense largement les dépenses auxquelles il donne lieu.

« *Dépôts. — Comptoirs.* — Le rôle du représentant a fait ressortir l'intérêt qui s'attache pour une maison d'exportation à conserver un contact constant avec le consommateur.

« Il est un moyen plus efficace encore de maintenir ce contact : il consiste à créer des dépôts ou des comptoirs.

« Nos très grosses maisons pourraient procéder isolément, les maisons plus modestes adopteraient le même genre de propagande en s'associant ou en se syndiquant.

« Les Allemands, les Anglais et les Américains emploient depuis longtemps cette manière d'opérer, et les statistiques nous apprennent combien cette méthode leur réussit. Il faut à la tête du dépôt ou du comptoir un agent de premier ordre disposant d'un stock de marchandises suffisant pour faire face aux demandes les plus pressantes. Le stock permet, au besoin, une livraison partielle qui calme l'impatience de l'acheteur et l'empêche de s'adresser à d'autres fournisseurs.

« Essayons cette méthode déjà consacrée par le succès. Ne rejetons pas *a priori* les meilleurs procédés commerciaux de l'étranger sous le prétexte un peu étrange qu'il est impossible de faire mieux que nous. Mettons moins d'héroïsme à conserver nos illusions, car nos rivaux profitent tant qu'ils peuvent de cet extraordinaire aveuglement. Rien pourtant ne dessille les yeux comme les révélations des statistiques. Un coup d'œil suffit à nous convaincre que nous sommes loin de jouer les grands premiers rôles dans le commerce du monde. Mais on ne lit pas les statistiques.

« *Musées d'échantillons.* — Quelques-unes de nos Chambres de commerce à l'étranger ont adopté ce système excellent qui consiste à exposer d'une façon permanente les échantillons de nos produits.

« Il est à souhaiter bien vivement que cet exemple soit suivi d'une manière plus effective à l'étranger. Ce moyen qui n'est nullement compliqué donnerait sûrement de bons résultats. »

Extrait du Rapport n° 558, de M. Lucien Bonzom, Consul suppléant de France à New-York. — « Nos industries d'art moderne sont pratiquement inconnues en Amérique.

« Certes, toute une élite de connaisseurs ayant vécu ou voyagé longtemps en France, n'ignore rien des créations de Lalique ou de Lachenal, et orne d'œuvres françaises les maisons de la cinquième avenue. Mais toute la grande masse du public riche ne connaît ni nos écoles nouvelles de céramique, ni nos maîtres verriers, ni nos bijoux modernes, ni nos applications de l'art nouveau au bronze, au cuivre ou à l'étain.

« Pour donner à nos artistes industriels la possibilité de se faire connaître en Amérique, pour résoudre le double problème du représentant et des frais, appliquons la même idée d'action collective et de mutualité, et envisageons la création d'un groupe de maisons françaises qui, à frais communs, s'installeraient dans un même local, avec les mêmes services, d'un salon des arts décoratifs qui serait une entreprise commerciale, d'une Maison d'Art où seraient représentés les maîtres de chacune de nos industries d'art.

« On y verrait les bijoux modernes de Lalique et de Vever, la paillerie de Falize, l'orfèvrerie de Boin-Taburet et de Cardeilhac, les poteries de Lachenal, les flammés de Lesbros et Dalpayrat, les grès de Bigot et de Muller. Champigneulle y enverrait ses vitraux, Beau ses bronzes d'éclairage, Fontaine la serrurerie artistique, Barbedienne, Susse, Siot, Decauville, Thiébault, les plus beaux de leurs bronzes, de leurs étains et de leurs marbres.

« Les amateurs d'art pourraient aussi bien y chercher une verrerie rare de Gallé ou un grand feu de Glatigny que les professionnels, architectes ou Decorators, y feuilleter des collections choisies de papiers d'ameublement ou comparer les derniers modèles de fers forgés.

« Enfin, nos grandes manufactures nationales y auraient la place d'honneur. Sèvres, la Monnaie et la Chalcographie du Louvre ont ouvert boutique sur le boulevard des Italiens. ·

« Pourquoi ne feraient-elles pas à New-York ce que la manufacture royale de Copenhague fait à Paris ?

« *Organisation.* — Ou bien ce serait une sorte de mutualité, une association où chaque adhérent paierait une quote-part proportionnelle du capital initial et des

frais généraux annuels, et un pourcentage des bénéfices irait à une bourse commune.

« Ou bien ce serait une Compagnie ayant son existence propre et ses capitaux indépendants et qui ne
demanderait aux fabricants dont elle serait le consignataire et l'agent aucune contribution fixe ou proportionnelle.

« L'entreprise demanderait des capitaux très élevés :
les frais de premier établissement, d'installation et de
lancement, les frais généraux annuels (loyer de maga-
sins), Fifth Avenue, loyer des locaux d'entrepôt, traitement d'un personnel choisi, publicité, frais divers et
taxes, et enfin les fonds de roulement nécessaires,
notamment pour acquitter les droits de douane, mon-
teraient à un très haut chiffre, non pas seulement en
raison de l'importance de l'affaire, mais parce qu'il
faudra « faire très bien ».

« Si l'affaire a la forme d'une association, le capital
à souscrire restera élevé, mais chaque souscription
sera relativement une charge minime et variera d'ailleurs avec les moyens d'action et les intentions de
chaque participant.

« Si l'affaire est indépendante, le capital se trouvera
facilement soit en France, soit, en tous cas, en Amérique.

« La seconde combinaison, surtout avec capitaux
mixtes, français et américains, serait peut-être préfé-
rable pour donner à la gérance plus de liberté et d'im-
partialité, pour garantir la prédominance des intérêts
collectifs et empêcher que telle maison ne puisse, en
raison des capitaux engagés par elle dans l'affaire, s'assurer des avantages spéciaux et faire servir à ses intérêts particuliers l'influence qu'elle aurait sur la
direction.

« En ce qui concerne le fonctionnement proprement dit, les opérations seraient multiples, les objets à vendre devant être reçus tantôt en consignation, tantôt sur achat par commission, tantôt par commande directe, mais dans les trois quarts des cas le droit de douane ne se trouverait perçu que sur le prix de fabrique : le public américain pourrait ainsi avoir des objets d'art français à bien meilleur compte que s'il les achetait directement en France et payait les droits sur le prix de vente.

« Si ce groupement était composé de nos toutes premières maisons, avec nos Manufactures nationales en tête, et s'il avait à son service les capitaux nécessaires, si l'installation, le lancement, se faisaient dans les conditions matérielles voulues, il est hors de doute, pour qui connaît New-York et l'Amérique, que le chiffre des affaires serait, dès le premier jour, énorme et donnerait un profit splendide aux maisons françaises comme aux capitalistes. »

Du « Daily Consular and Trade Reports », de Washington. — « *Conseils aux exportateurs.* — Il y a deux considérations de la plus haute importance pour les fabricants et les exportateurs qui sont en relations commerciales avec l'Inde : c'est la nécessité de montrer les marchandises aux acheteurs indiens, et de fournir des articles appropriés au climat indien.

« Le climat des basses terres de l'Inde attaque rapidement tout ce qui est susceptible de moisir, comme, par exemple, les objets en cuir, les confitures, les médicaments en tablettes et les sucreries. Dans ce pays, les choses se gâtent et moisissent plus que partout ailleurs. Les articles en acier et en fer se couvrent de rouille aussitôt qu'ils sont exposés à l'air, et il n'est pas jusqu'aux fusils et à la coutellerie pour lesquels on ne doive faire en sorte de ne pas les soumettre à l'action destructive et corrosive de l'atmosphère salée et alcaline.

« Tous les articles de papeterie dans lesquels entre une substance mucilagineuse, tels que chemises et enveloppes gommées, demandent à être préparés et empaquetés de telle manière que l'humidité ne rende pas adhérente et poisseuse la partie gommée.

« Des milliers d'enveloppes, mal gommées et emballées, sont, chaque année, perdus par les expéditeurs et les acheteurs. L'attention la plus scrupuleuse doit être apportée à l'empaquetage.

« Une autre considération importante et qui correspond à un besoin véritable est celle des « agences », où les acheteurs indiens peuvent se rendre en personne et voir les marchandises en vente. Il s'agit d'une habitude. On trouve partout, dans ce pays, des agences et des agents, et la grosse masse des affaires est faite par ces intermédiaires. Il y a donc lieu pour les fabricants et les exportateurs de s'efforcer à établir des agences partout où leurs marchandises peuvent être examinées utilement. Toute grande cité dans l'Inde doit avoir, et possédera dans un certain temps, des agences pourvues de salles d'expositions importantes et attrayantes. »

Extrait d'un rapport de M. Colomiès, Consul de France à Prague. — *Projet de création d'une institution pour favoriser l'exportation de l'Autriche-Hongrie* (Rapport publié dans le *Moniteur officiel du commerce* du 15 novembre 1906). — « La *Neue Freie Presse*, dans son numéro du 13 de ce mois, annonce que le Ministre du Commerce, d'accord avec son collègue des Finances, aurait conçu le plan d'une vaste institution pour favoriser le commerce d'exportation de l'Autriche-Hongrie.

« Ce projet est encore vague, et les divergences d'opinions qui se sont fait jour jusqu'ici, soit dans les centres industriels, soit parmi les directeurs de Banques, vont nécessiter une enquête à laquelle on va procéder incessamment.

« On se propose de créer un nouveau rouage important avec la coopération des grandes banques et soutenu par des subsides de l'État. Il ne s'agirait nullement d'une banque d'exportation, mais plutôt d'un vaste Office central s'occupant de la vente des articles d'exportation. Cette institution serait constituée sous la forme d'une société par actions qui comprendrait non seulement les établissements financiers, mais aussi un certain nombre d'industriels et de commerçants.

« Pour atteindre le but que l'on se propose, le capital devrait être assez considérable, et l'on parle déjà de plusieurs millions de couronnes. Il va sans dire que l'Office en question aurait des succursales dans toutes les régions où le commerce de l'Autriche-Hongrie a déjà trouvé des débouchés ou est en mesure d'en créer.

« Cette initiative du gouvernement autrichien semble devoir être intéressante, et il y aura lieu de suivre avec attention les pourparlers qui sont, à ce qu'il paraît, assez avancés.

« A cette occasion, je crois devoir signaler l'activité déployée par les institutions de crédit et les banques de la résidence en matière commerciale. Les principales banques comme le *Crédit Anstallt*, la *Böhmische Union Bank*, l'*Anglo Bank*, la *Zivnostenska bankà*, etc., etc., sont les véritables courtiers ou commissionnaires des industriels et commerçants.

« Le commissionnaire, tel qu'il existe chez nous, est inconnu en Autriche ; c'est la Banque qui avance les fonds, cherche les débouchés, correspond avec les clients, encaisse les factures, en un mot administre les principales affaires industrielles et groupe les efforts des producteurs pour lutter avec avantage sur le marché mondial. On peut dire que l'industrie du sucre, par exemple, qui s'est développée si heureusement dans ce pays au cours des dernières campagnes, les pétroles, les brasseries, les charbonnages, les bois, sont des industries organisées et conduites par les banques autrichiennes.

« Tandis que certaines de nos banques croient avoir suffisamment aidé nos fabricants et négociants lorsqu'elles ont escompté des effets munis de deux signatures, effets qu'elles s'empressent d'ailleurs de négocier au plus vite à la Banque de France, la Banque autrichienne, tout en surveillant les fonds investis par elle dans les grandes industries, s'occupe des moindres détails du commerce et constitue, par conséquent, un auxiliaire des plus précieux pour les producteurs.

« Pour des services aussi importants, le banquier prend tout au plus 1/2 0/0, chiffre bien minime si on le compare à d'autres commissions.

« L'État autrichien, de son côté, aide le commerce par une organisation postale de comptes courants qui facilite beaucoup l'encaissement des factures. Je me réserve d'examiner cette dernière question plus en détail dans un prochain rapport.

« Il semble que le projet actuel ait pour principal but de réunir et de coordonner dans une institution

unique l'organisation très pratique existant déjà dans
les divers établissements financiers et dans les administrations de l'État. »

J'arrête ici ces citations, dont on pourrait augmenter cependant fort utilement le nombre et la diversité,
car elles sont pleines d'enseignements d'ordre général.

La conclusion à tirer pour l'objet spécial de la présente étude est que *l'organisation cherchée devra être
assez souple pour pouvoir s'adapter aux exigences locales
de marchés divers.*

CHAPITRE VIII

PRINCIPES

Hommage aux efforts tentés. — Récapitulation des principes
déjà dégagés

J'ai déclaré déjà, et je tiens à le redire, que je reconnais pleinement les mérites des différentes combinaisons préconisées par les hommes éminents auxquels nous devons un réveil de l'activité française.

C'est en m'inspirant de leurs travaux que j'ai poursuivi mes recherches pour essayer de découvrir un moyen nouveau, une organisation pleinement utilisable à la *grande masse des moyens et des petits industriels.*

Nous avons vu pourquoi cette condition est primordiale.

J'ajoute que, loin de nuire aux efforts individuels et loin de les contrarier, elle contribuerait, par l'exemple, à les rendre plus fréquents et plus vigoureux. Elle dissiperait les craintes, les hésitations injustifiées, elle indiquerait la méthode à suivre. En outre, une telle organisation peut, *seule*, permettre à notre pays de retrouver rapidement et de conserver la place à laquelle il a droit dans le commerce mondial.

Ce point essentiel étant bien établi, récapitulons les principes que nous avons dégagés au cours de l'examen des différents moyens d'action employés ou préconisés jusqu'ici :

1° *Relations directes et permanentes avec les clientèles étrangères par le moyen de représentants;*

2° *Rémunération des représentants par un traitement fixe, en même temps que par une commission;*

3° *Association entre fabricants non concurrents pour la représentation de leurs articles à frais communs;*

4° *Spécialisation du représentant par la réunion entre ses mains de représentations d'industries similaires, mais cependant non concurrentes;*

5° *Constitution d'expositions d'échantillons permanentes sur les lieux où l'on veut vendre;*

6° *Souplesse suffisante dans l'organisation, lui permettant de pouvoir s'adapter aux exigences particulières des divers marchés.*

Voilà des points acquis, des principes qui doivent nécessairement figurer parmi ceux dont tout projet nouveau devra s'inspirer, s'il a en vue l'intérêt général de l'industrie française.

CHAPITRE IX

L'ÉTAT D'ESPRIT DE L'INDUSTRIEL FRANÇAIS

La crainte de n'être pas payé. — Un nouveau principe nécessaire

Mais ce n'est pas tout, car nous devons, d'autre part, tenir compte du tempérament français dans sa manière d'agir, commercialement parlant. Si nous voulons faire œuvre viable, il nous faut établir une organisation qui satisfasse à la fois aux conditions actuelles des affaires et aux particularités du tempérament français.

Or, un grand obstacle à détruire consiste dans la méfiance éprouvée par les industriels de notre pays envers les acheteurs étrangers. La crainte de n'être pas payé, provenant d'une ignorance relative des langues étrangères, des marchés et des moyens divers d'information, voilà une des grandes raisons qui font hésiter l'industriel français à exporter ses produits.

Cet obstacle doit disparaître. Il doit disparaître plus encore dans l'intérêt de notre pays que dans celui des fabricants.

J'ajouterai donc aux principes nécessaires relevés ci-dessus celui-ci :

7° *Garantie du paiement des créances pour les fabricants exportateurs.*

Il y a d'autres difficultés de détail à vaincre, mais elles disparaîtront d'elles-mêmes peu à peu, si l'on arrive à faire surgir un fort courant d'exportation.

RÉSUMÉ ET CONCLUSION

DE LA TROISIÈME PARTIE

Les trois principales conditions à observer. — Ensemble de principes harmoniques permettant l'observation de ces conditions. — Possibilité de construire une organisation s'inspirant de tous les principes reconnus nécessaires. — L'idée de Mutualité, clef de voûte des Mutuelles-Exportation.

Les principales conditions auxquelles doit satisfaire, pour être immédiatement applicable, pour être pratique et féconde, toute organisation ayant pour but le développement de nos exportations, sont :

1° La nature du milieu industriel français ;

2° Les exigences de la lutte commerciale entre les nations ;

3° L'état d'esprit de l'industriel français.

Malgré que ces conditions puissent paraître quelque peu contradictoires, leur examen attentif permet d'en dégager un ensemble de principes harmoniques susceptibles de constituer une base solide pour la construction d'une organisation nouvelle.

L'examen de la nature du milieu industriel français montre que notre pays est une véritable démocratie industrielle : 85 sur 100 des établissements y occupent de un à quatre ouvriers.

Le principe qui s'en dégage est celui-ci : pour obtenir un grand et réel accroissement de l'exportation française, il faut que les organisations créées dans ce but puissent être utilisées par la grande masse des

industriels de moyenne et de petite importance. C'est
là un fait primordial.

Je ne saurais admettre, à ce sujet, la théorie consistant à dire qu'un petit industriel ne peut songer à
faire de l'exportation. Il n'y a pas là impossibilité,
mais seulement une question de méthode et de mesure,
ce qui est tout autre chose.

En second lieu, de l'examen des différents moyens
employés ou préconisés jusqu'ici pour accroître nos
exportations, se dégagent tout naturellement les principes qui permettront à l'organisation cherchée de satisfaire aux exigences de la lutte commerciale.

Les principaux de ces différents moyens sont : les
représentants isolés, groupements commerciaux, comptoirs d'exportation, voyages à frais communs, expositions d'échantillons, et musées commerciaux. Je reconnais pleinement la haute valeur de ces procédés. Je ne
saurais mieux le prouver qu'en m'inspirant de leurs
conceptions, ce que je fais en retenant, parmi les principes dont ils émanent, les suivants :

Association entre fabricants non concurrents pour la
représentation de leurs articles à frais communs ;

Spécialisation des représentants, par la réunion entre
leurs mains de représentations d'industries similaires,
mais cependant non concurrentes ;

Rémunération des représentants par un traitement
fixe en dehors d'une commission sur les affaires traitées ;

Constitution d'expositions d'échantillons permanentes, actives et constamment tenues à jour, sur les
lieux où l'on veut vendre ;

Souplesse suffisante dans l'organisation, lui permettant de s'adapter sans dommage aux divers marchés.

Maintenant il nous reste à vaincre le grand obstacle provenant de l'état d'esprit de nos industriels, de la méfiance instinctive qu'ils éprouvent vis-à-vis des acheteurs étrangers. La crainte de pertes d'argent, — provenant d'une connaissance insuffisante des méthodes d'information, des langues étrangères et des marchés étrangers, — doit disparaître plus encore dans l'intérêt de notre pays que dans celui des fabricants. J'ajouterai donc aux principes nécessaires relevés ci-dessus celui-ci :

Garantie du paiement des créances pour les fabricants exportateurs.

Les différentes organisations créées jusqu'à ce jour se sont, certes, inspirées d'un ou de plusieurs des principes que je viens de dégager. Mais, tout en rendant un hommage mérité aux efforts tentés, tout en travaillant à augmenter leurs résultats, je crois qu'il faut se servir de leurs enseignements mêmes pour chercher à faire mieux encore.

Je crois qu'il est possible de construire une organisation s'inspirant, non de quelques-uns des principes précédents, mais bien de leur ensemble.

Je crois que le respect de la condition fondamentale du succès et de tous les principes nécessaires que nous avons dégagés devient possible et facile si nous avons recours à l'idée de *mutualité* pour nous fournir la clef de voûte de l'organisation cherchée.

Il n'y a pas de raison pour que cette idée, — féconde entre toutes, l'une des plus belles et des plus nobles de notre époque, — n'ait pas ici d'aussi heureuses conséquences que dans les autres domaines.

Grâce à elle, non seulement nous supprimerons toute dépense de rétribution et d'amortissement d'un capital, mais encore nous intéresserons chaque participant au succès de l'œuvre commune, en outre de ce que nous ouvrirons l'accès des grands marchés étrangers aux industriels les plus modestes.

J'ai été amené ainsi à imaginer ce que j'appellerai les *Mutuelles-Exportation*, dont j'expose ci-après, d'une manière générale, les modes de constitution et de fonctionnement.

QUATRIÈME PARTIE

« LES MUTUELLES-EXPORTATION »

CHAPITRE I

DÉFINITION

Les « Mutuelles-Exportation » sont des sociétés mutuelles formées entre des fabricants français et ayant pour objet :

1° *La représentation de leurs articles à frais communs sur les grandes places étrangères;*

2° *La constitution d'importantes expositions d'échantillons permanentes sur ces places;*

3° *L'assurance contre tout risque de pertes d'argent pouvant provenir de l'insolvabilité possible de clients, par la constitution d'un « Fonds de réserves pour impayés ».*

4° *La répartition entre les sociétaires, à la fin de chaque exercice, des excédents de recettes sur les dépenses.*

CHAPITRE II

COMITÉ D'INITIATIVE ET D'ÉTUDES
POUR LA CRÉATION DES « MUTUELLES-EXPORTATION »

Travail préparatoire. — Difficultés et dépenses à éviter. — Le rôle du
Comité d'initiative et d'études. — Ses ressources. — Son organisation.
— Son mode d'action. — Pourquoi il ne faut pas solliciter de sub-
ventions officielles.

La création et la mise en marche d'une association
quelconque pour l'exportation sont nécessairement su-
bordonnées à l'exécution d'un travail préparatoire assez
considérable. Il faut, en effet, étudier d'abord les marchés étrangers, examiner les chances de débouchés
qu'ils présentent, évaluer le montant des dépenses
probables, peser les avantages et les inconvénients de
chaque marché, et choisir celui sur lequel se portera
l'action.

Il faut ensuite s'assurer le concours d'agents hono-
rables et actifs, établir des statuts, des traités, installer une comptabilité, grouper les fabricants intéressés,
s'occuper des détails de l'organisation intérieure, etc.

Le tout suppose de la compétence, exige des études
longues et minutieuses, du temps et des dépenses.

Pour chaque association qui se créera dans le même
but, — et il peut s'en créer des centaines, — la même
besogne et les mêmes dépenses se renouvelleront avec
des difficultés toujours aussi grandes, car les initiateurs seront chaque fois différents et ne pourront pas,
par conséquent, profiter de l'expérience de ceux qui
les auront précédés dans la même voie.

Puis, une fois l'association constituée, il faudra lui conserver un siège social, avec les dépenses permanentes qui s'y rapportent, et qui se répéteront dans la même proportion pour chaque association.

Ces remarques s'appliquent à tous les genres d'associations. Elles s'appliqueraient de même aux « Mutuelles-Exportation », si la nature de celles-ci ne permettait justement d'éviter ces pertes de temps, d'énergie, de savoir et d'argent.

En effet, dans leur ensemble supposé, les « Mutuelles-Exportation » desservent l'intérêt du pays tout entier. Elles dominent les intérêts particuliers qu'elles favorisent par ailleurs d'une manière effective. Elles sont d'intérêt public. Elles sont toutes intéressées à ce que leur constitution puisse être effectuée avec le minimum d'efforts et de dépenses.

Cela indique et justifie la nécessité de la création d'un centre commun, *d'un centre d'initiative et d'études, dont la mission serait à la fois de susciter la création des « Mutuelles-Exportation » et de préparer tous les éléments nécessaires à leur constitution.*.

J'ai en conséquence, l'honneur de préconiser la constitution d'un *Comité d'initiative et d'études*, auquel des cotisations d'importance variable permettraient d'adhérer tous ceux qui ont à cœur de contribuer au développement de notre commerce et de notre industrie.

Pour une œuvre d'intérêt général, c'est à tous qu'on doit faire appel, et je ne doute pas que la somme des contributions volontaires suffira amplement à constituer les ressources nécessaires. Une faible redevance annuelle, versée par les « Mutuelles » en fonctionnement, viendra plus tard augmenter ces ressources.

Le *Comité d'initiative et d'études*, après avoir établi

ses statuts, élira un Conseil de direction où figureront bien certainement, si mon idée est reconnue juste et féconde, des hommes éminents et désintéressés.

L'organe actif sera le Secrétariat général. C'est lui qui sera chargé du travail préparatoire dont j'ai parlé plus haut. Il sera placé pour faire mieux, plus vite et à meilleur marché que ne le pourraient isolément les initiateurs d'une « Mutuelle ». D'autre part, il réunira plus facilement les adhésions. Au fur et à mesure qu'une « Mutuelle-Exportation » pourra être mise sur pied, elle deviendra sur-le-champ un organisme indépendant et libre, — et le Comité d'initiative continuera sa mission par la préparation d'une autre association de même nature.

Tout au plus le Comité d'initiative pourra-t-il continuer à servir de garantie sur certains points, que nous examinerons en terminant. Il évitera à toutes les Mutuelles les frais d'un siège social.

Je crois utile d'indiquer ici que le *Comité d'initiative* devra éviter de vouloir imposer à toutes les places étrangères indifféremment une forme unique d'organisation. Bien au contraire, les coutumes commerciales et les diverses exigences locales devront être respectées.

Si les principes qui sont pour moi la base des « Mutuelles-Exportation » doivent être fidèlement observés, on doit rendre cependant leur application adéquate aux caractères spéciaux de chaque place étrangère. Il me semble que le type d'organisation dont on trouvera la description au chapitre suivant est assez souple pour pouvoir s'adapter aux divers milieux dans lesquels il aura à vivre et à se développer.

Avant de passer à la description des modes de constitution et de fonctionnement d'une « Mutuelle-Expor-

tation » prise comme type, je tiens à déclarer que je
suis absolument opposé à toute demande de subventions officielles, soit en faveur du Comité d'initiative
et d'études, soit en faveur des « Mutuelles-Exportation. Je n'ignore pas que cette manière de voir est
contraire à celle généralement adoptée. Aussi suis-
je amené à fournir ici une explication nécessaire. La
voici, très brièvement.

Au point de vue général, toute subvention est un
privilège injustifiable : l'impôt se trouve détourné de
sa destination, qui est de servir aux intérêts généraux
du pays, et non pas à des intérêts particuliers, si res-
pectables soient-ils. La subvention, si elle n'est pas
obtenue grâce à une influence politique, provient d'une
bonne intention des gouvernants. Je ne discute pas le
premier de ces deux cas. Quant au second, il ne vaut
pas mieux, car les meilleures intentions du monde
ont laissé dans l'histoire la trace de conséquences
désastreuses.

Il y a, entre la question des subventions et la question de l'étendue des attributions de l'État, une étroite
connexité. Il est donc inutile d'exposer plus longuement
ici un point que j'ai déjà examiné plus haut.

Mais nous allons voir qu'en cette matière l'intérêt
général se confond avec l'intérêt particulier bien
entendu, comme il s'y confond toujours et sous tous
les aspects.

En effet, quelle est la manière rationnelle, logique,
pour créer une œuvre et assurer sa prospérité? C'est
de s'adresser à l'opinion, de démontrer la nécessité ou
l'utilité de cette œuvre, de réfuter les objections possibles, et de convaincre enfin les gens auxquels on
demande leur concours. On obtiendra alors les subven-

tions volontaires et les concours dont l'œuvre a besoin.

Dans le cas particulier qui nous occupe, nous avons d'abord à grouper des personnes en vue de l'établissement d'un Comité d'initiative et d'études. Une fois fondé, il appartiendra à ce Comité de faire une active propagande parmi les fabricants, de leur démontrer les avantages des « Mutuelles-Exportation » par des faits et par des arguments, en faisant appel à leur raison, et en n'oubliant pas que le temps est un collaborateur forcé.

La raison et la science seront la seule base de la campagne. Aucune influence passagère d'ordre psychologique ne sera mise en œuvre. Aucune décision, aucune admission ne seront obtenues à la suite d'une impression d'ordre subjectif. Une vérité une fois démontrée demeure éternellement et se répand forcément, trop lentement peut-être, mais sûrement.

La base ainsi obtenue est d'une solidité à toute épreuve, qui vaut bien la difficulté qu'on a pu rencontrer dans son établissement. Si l'organisation, au contraire, est basée sur un enthousiasme irréfléchi, sur l'impression produite par l'annonce de subventions officielles ou autres moyens de même nature, elle pourra être mise sur pied très rapidement, mais disparaître bientôt tout aussi vite ou végéter péniblement, quand l'enthousiasme sera passé ou se sera refroidi.

Il nous faut des adhérents fidèles, des adhérents convaincus, des ressources certaines, pour un travail sérieux et soutenu, et nous devons préférer un développement lent, régulièrement progressif, normal, à une éclosion brillante et factice.

D'autre part, c'est là le seul moyen d'assurer au Comité d'initiative une complète indépendance d'action. C'est aussi le seul moyen de le mettre dans la nécessité d'agir vigoureusement, quoique sagement, et d'obtenir des résultats ; ne lui faudra-t-il pas, en effet, conserver la confiance, l'estime et les dévouements acquis, s'en rendre digne, et en mériter d'autres.

Il ne pourra pas même rester stationnaire, mais sera condamné à se développer. Il aura une existence normale, il aura à lutter pour vivre, et c'est là une garantie majeure qu'il donnera des résultats.

Ne voit-on pas, en outre, qu'il n'y a pas place, dans une telle organisation, pour les dévouements intéressés ? Cet avantage n'est pas mince.

Une méthode toute différente s'offre à quiconque veut lancer une œuvre nouvelle. Elle consiste à commencer par tout mettre en mouvement pour obtenir un appui officiel, ou des subventions officielles. On fera agir les influences dont on dispose, on recherchera des patronages, on sera amené à solliciter des adhésions contre des promesses, etc. Et, en admettant que l'œuvre en question obtienne l'appui des pouvoirs publics, en quoi cet appui est-il une garantie de la qualité de la marchandise offerte ? En quoi l'appréciation favorable de bureaucrates, de fonctionnaires incompétents, dont les décisions sont dictées par des influences politiques, peut-elle satisfaire un homme de raison ? Je ne le vois point.

Ce que je vois bien, c'est que l'œuvre créée ainsi artificiellement se trouve, dès sa naissance, dans un état de dépendance, qu'elle a des obligations nombreuses, qu'elle est obligée d'accueillir des gens intéressés, et qu'elle devra régler sa conduite de manière à ce que la subvention obtenue lui soit continuée. Cette subvention, ou cet appui des pouvoirs publics, au lieu d'être un encouragement, au lieu d'être utile, sera le ver rongeur de l'entreprise.

Tout naturellement, cette subvention, loin de stimuler les efforts en vue du développement de la société, en vue de l'augmentation du nombre des adhérents, agira comme un frein sur son initiative et sur son activité. Et cela dans une mesure bien plus considérable que l'aide qu'elle est censée représenter. La dépendance qui existait au début continuera par la suite à se manifester et à grandir. Les administrateurs y aideront en cherchant à utiliser les relations officielles de la société pour la satisfaction de leur amour-propre personnel.

Certes, la lecture des rapports annuels donnera une haute idée de l'œuvre. Tout le monde sera encensé, remercié; on exagérera les services rendus; on amoindrira les fautes commises; on ne manquera pas de manifester l'espoir de voir la subvention augmentée bientôt; et on donnera comme preuve de la valeur de l'œuvre justement ce qui fait sa faiblesse, c'est-à-dire l'intérêt que lui portent les pouvoirs publics et la subvention dont elle est favorisée.

Je dis que cette manière d'agir est irrationnelle, et qu'elle ne peut produire qu'une organisation factice, où l'activité comme les ressources seront gaspillées sans résultat sérieux.

Voilà pourquoi je suis l'adversaire des subventions. En résumé, le Comité d'initiative et les « Mutuelles-Exportation », créés par le libre concours de tous ceux qui les auront jugés utiles, doivent exister par leurs propres moyens. Ces organismes trouveront l'indépendance et la force dans une vie saine et normale. Les « Mutuelles-Exportation » accompliront seulement ainsi leur mission, qui comporte un exemple de ce que peuvent faire l'initiative individuelle et l'association mutuelle volontaire.

CHAPITRE III

CONSTITUTION ET FONCTIONNEMENT
D'UNE « MUTUELLE-EXPORTATION »

Adhésions. — Groupes. — Représentation. — Choix des Agents. — Leur rétribution. — Exposition permanente d'échantillons. — Agent général. — Frais généraux fixes. — Frais généraux variables. — Garantie du paiement des créances. — Cotisations. — Administration. — Attributions laissées au Comité d'initiative. — Observation de tous les principes reconnus nécessaires.

Le Comité d'initiative et d'études a réuni, je suppose, pour une place donnée, — cela après enquêtes et études approfondies, — tous les éléments nécessaires pour assurer l'établissement d'une « Mutuelle-Exportation » sur cette place avec les plus grandes chances de succès.

Il s'emploie aussitôt à constituer ladite « Mutuelle » de la manière suivante :

Adhésions. — Les adhésions des fabricants sont sollicitées au nombre de *dix dans chaque industrie.*

Ces dix maisons forment un *groupe*. Les dix maisons du même groupe appartiennent à la même industrie, *mais elles sont de spécialités différentes.* Elles se sont acceptées mutuellement comme ne se faisant pas concurrence, et elles ont été acceptées par le Secrétariat général du Comité d'initiative.

Maintenant il est possible qu'une industrie comporte plus de dix spécialités. Il pourra alors être constitué deux, trois, etc., groupes pour cette industrie, mais ce sera sous la réserve qu'aucune objection n'ait été élevée par aucune maison comprise dans le ou les groupes déjà-formés pour la même industrie.

Ce cas peut se présenter, par exemple, pour la Bijouterie.

En effet, pour la seule partie appelée « Bijouterie fantaisie et imitation », on pourrait déjà constituer un groupe entier comme suit :

1° Bijouterie d'acier poli ;

2° Bijouterie religieuse ;

3° Bijouterie de nacre ;

4° Bijouterie de nickel ;

5° Bijouterie de deuil ;

6° Boutons ;

7° Chaînes fantaisie, dorées, argentées, or doublé, etc., pour hommes et pour dames ;

8° Boucles, broches et épingles fantaisie ;

9° Peignes bijouterie ;

10° Garniture-tabletterie.

La bijouterie d'or et d'argent, la joaillerie, l'orfèvrerie, etc., pourraient donc donner lieu à la formation d'autres groupes.

Un groupe n'est considéré comme constitué que lorsqu'il comprend dix maisons.

Il peut être formé autant de groupes qu'il existe d'industries différentes.

Mais on voit que le mode de constitution est tel que, y eût-il cent groupes dans la société, *aucune maison n'y fera concurrence à une autre.*

Représentation. — Chaque groupe est représenté par un *représentant spécial* consacrant tout son temps à s'occuper du placement des produits des maisons qu'il représente, et lié par contrat à la société.

Remarquons que cet agent, choisi avec le plus grand soin, et de préférence de nationalité française, a ainsi en mains des représentations d'articles analogues, *s'adressant à la même clientèle*. Ceci est important, car l'agent pourra faire porter ses efforts dans un cercle limité, et il obtiendra un résultat plus rapide et meilleur que s'il était en possession d'articles très divers. L'agent est *spécialisé*.

Choix des agents. — D'ailleurs, un représentant ne sera choisi pour un certain groupe que si ses connaissances commerciales s'appliquent aux marchandises dont le placement va lui être confié.

On s'efforcera même de chercher des représentants ayant une sérieuse connaissance de la fabrication, — ou, tout au moins, on devra leur permettre de l'acquérir.

Ainsi seulement nous pourrons réaliser pour la France l'état de choses existant pour l'Allemagne, et que M. Le Costé, Consul de France à Nuremberg, dépeint de la manière suivante dans son *Rapport n° 524 sur l'Industrie et le Commerce d'exportation de Nuremberg* (supplément au *Moniteur officiel du Commerce* du 14 juin 1906) :

« **Les procédés de l'exportation.** — Une connaissance parfaite des besoins, des goûts et des caprices des différents pays, sert admirablement les exportateurs dans leurs conquêtes, comme aussi la volonté de satisfaire les penchants et les fantaisies du client sans perdre de temps à s'en étonner ni à les discuter.

« Des voyageurs de commerce actifs et très instruits parcourent sans cesse les pays étrangers. A leur solide instruction commerciale, ces représentants joignent une connaissance approfondie de la fabrication. Ils sont ainsi prêts séance tenante, pour évincer une fabrique rivale, à consentir toutes les modifications suggérées par le client à propos d'un article dont ils présentent l'échantillon et à débattre le prix auquel l'article transformé pourra être livré [1]..... »

Rétribution des agents. — Les agents seront rétribués :

1° Par un traitement fixe annuel de 2.400 francs;

2° Par une commission de 3 0/0 sur les affaires traitées.

Nous rencontrons ici une difficulté assez sérieuse : il faut que les cotisations demandées aux sociétaires restent à la portée des petits industriels, et il faut cependant assurer aux agents un fixe assez important.

Je pense que le traitement fixe annuel de 2.400 francs pour les agents est suffisant en général. Les agents n'ont, en effet, dans les Mutuelles, aucun frais de correspondance ou de bureau, et la nature des représentations qui leur sont confiées leur permet d'atteindre un chiffre d'affaires important.

J'ajoute que les conditions ci-dessus sont données comme exemple. Elles sont susceptibles de modifications et ne peuvent même être précisées, pour chaque place étrangère, qu'après étude spéciale.

---

1. Je ne saurais trop recommander la lecture de ce *Rapport*, qui traite, en outre, de l'exposé des différentes industries, de l'organisation du travail, des associations ouvrières, industrielles et commerciales de la région de Nuremberg.

Exposition permanente d'échantillons. — Supposons dix, vingt groupes constitués. Ils seront représentés par dix, par vingt agents. Ces agents auront chacun leur bureau, *mais les dix ou les vingt bureaux seront réunis dans le même local.*

Nous obtenons ainsi du même coup la réalisation d'une *exposition permanente d'échantillons des dernières nouveautés françaises.*

Comme, dans mon esprit, une « Mutuelle-Exportation » ne saurait être utilement constituée *à moins de dix groupes,* c'est-à-dire *à moins de cent adhérents,* l'exposition comprend des articles produits par dix industries différentes, et, pour chaque industrie, par dix spécialistes différents.

Il ne s'agit pas d'une exposition brillante, avec des stands aux riches tentures, et aucun diplôme n'y sera distribué, mais il s'agit d'une réunion de modèles où les acheteurs étrangers sauront trouver ce qu'ils veulent avoir, parce que, forcément, les dernières nouveautés y figureront toujours.

L'attrait de l'exposition ajoutera ainsi une grande chance de succès aux efforts des agents. Et les nouveaux modèles pourront être lancés avec sécurité, rapidité et vigueur.

L'activité constante de l'organisation se trouve donc assurée.

Agent général. — Un Agent général sera mis à la tête de l'Agence générale que constitue l'ensemble des Représentants.

Il recevra un traitement fixe annuel de 5.000 francs et une commission de 1/2 0/0 sur les affaires totales de l'Agence.

Frais généraux. — Les frais généraux des Mutuelles seront de deux sortes :

1° Frais généraux fixes (traitements fixes annuels, loyer, frais de correspondance, etc.) indépendants du chiffre d'affaires ;

2° Frais généraux variables (commissions aux Agents, prélèvements pour le compte de réserves pour impayés, etc.), dépendant du chiffre d'affaires.

Ils ne peuvent être couverts, évidemment, que par une cotisation annuelle fixe et par une remise de tant pour 100 sur les affaires.

On pourrait en assurer le paiement en bloc au moyen d'une cotisation relativement faible et d'une remise assez élevée sur les affaires traitées, car nombre de maisons préfèrent payer une remise plus forte à leurs Agents, et diminuer l'indemnité fixe qu'elles ont à lui payer.

J'ai renoncé à cette façon de procéder, parce qu'elle n'est pas rationnelle, et parce qu'elle est imprudente.

Il se pourrait, en effet, que le chiffre d'affaires, surtout au début, soit inférieur aux prévisions, et il résulterait de ce fait des difficultés dans le fonctionnement des Mutuelles. L'existence de ces associations doit être assurée en tout état de cause, de manière à leur permettre de traverser des épreuves inattendues et de vivre pendant des périodes difficiles. D'où nécessité de faire face par des recettes régulières et certaines au paiement des frais généraux fixes de toute nature.

Il en résultera une augmentation dans le chiffre de la cotisation fixe demandée à chaque sociétaire. Mais, d'autre part, le tant pour 100 qu'il aura à verser sur les affaires traitées pourra être réduit à égalité du tant pour 100 nécessaire pour couvrir tout juste les frais généraux variables.

Ainsi, aux dépenses fixes, aux dépenses forcées, correspondront des recettes fixes et certaines ; aux dépenses variables correspondront des recettes variables forcément suffisantes. Et l'existence de la « Mutuelle-Exportation » sera assurée.

Frais fixes et Cotisations. — Malgré que les frais fixes puissent varier d'une place à l'autre, que, par suite, le chiffre de la cotisation fixe annuelle à demander à chaque sociétaire varie en conséquence, on peut cependant évaluer approximativement ces frais comme suit :

FRAIS FIXES ANNUELS DE L'AGENCE GÉNÉRALE
D'UNE « MUTUELLE-EXPORTATION »
COMPOSÉE DE DIX GROUPES (CENT MAISONS)

	Francs
Traitement fixe de l'Agent général........	5.000
Comptable............................	3.000
Garçon de bureau......................	2.000
Dix Agents à 2.400 francs...............	24.000
Loyer, abonnements, impôts, assurances..	3.500
Frais de correspondance................	2.000
Informations commerciales..............	2.000
Imprimés, registres....................	1.000
Éclairage, chauffage...................	1.000
Voyages de l'Agent général en France.....	1.500
Contribution annuelle au Comité d'initiative et d'études...........................	1.000
ENSEMBLE......................	46.000
Réserves spéciales, imprévus, gratifications, etc............................	4.000
TOTAL........................	50.000

La cotisation fixe annuelle de chaque sociétaire ressortirait donc à 500 francs. En la rendant payable par trimestre, elle reste, comme il le faut, à la portée des petits industriels.

Je ne fais pas entrer ici en ligne de compte la ristourne probable résultant du partage des bénéfices de l'association entre les membres, — ristourne qui peut réduire en fait notablement le montant de la cotisation, ainsi que je le montrerai plus loin.

En tous les cas, c'est moins que ne coûte la participation la plus modeste à la moindre exposition.

Un droit d'admission de 50 francs servirait, d'autre part, à couvrir les dépenses de première installation.

Garantie du paiement des créances. — Pour établir le taux de la commission qu'auront à payer les sociétaires sur les affaires traitées, il faut naturellement fixer d'abord le taux du prélèvement destiné à constituer le « Fonds de Réserves pour impayés ».

Nous avons, en effet, décidé que le *paiement de toutes les créances serait garanti par la Société à ses sociétaires* sur toutes affaires transmises ou confirmées par ses soins.

Je propose que ce fonds de réserve soit progressivement amené et ensuite maintenu à une somme au moins égale à la dixième partie du découvert total à une époque quelconque. Je crois que ce quantum est suffisant.

Par exemple, si nous supposons que l'Agence générale traite 250.000 francs d'affaires par mois, et que les paiements soient faits à quarante-cinq jours de date au plus tard, nous estimerons le découvert à 625.000 francs (deux mois et demi d'affaires).

Le fonds de réserve devra donc être maintenu à 62.500 francs au minimum.

Dans une affaire conduite d'une manière prudente

et sage, par un homme compétent, les pertes pour impayés ne sont pas élevées. On dispose aujourd'hui de moyens d'information nombreux et sérieux. Les « Mutuelles-Exportation », par leur puissance et leur organisation, seraient des mieux placées pour connaître le crédit à accorder à tel ou tel client.

D'une enquête faite auprès de maisons industrielles diverses, et portant sur de gros chiffres d'affaires, il résulte que les pertes pour impayés ne dépassent pas, en moyenne, 1 0/0 du chiffre d'affaires. C'est-à-dire que, sur un chiffre annuel de 3 millions de francs, la perte pour impayés n'atteint pas, en moyenne, 30.000 francs dans l'année.

Mais nous devons donner toute tranquillité aux sociétaires, et, pour cela, assurer la constitution d'un fonds de réserve important.

Je propose donc que ce fonds de réserve pour impayés *soit constitué par un versement de deux et demi pour cent sur le chiffre d'affaires.*

Rien n'empêchera d'en réduire le taux, — et de réduire du même coup le chiffre de la commission demandée aux sociétaires, — s'il est reconnu que cela est, un jour, devenu possible.

En supposant une perte de 1 0/0 pendant la première et la seconde année de fonctionnement, je ferai remarquer que les un et demi pour cent restant au compte de réserve suffiront :

1° Non seulement à assurer la constitution d'une réserve égale au minimum fixé, soit le dixième du découvert ;

2° Mais laisseront encore un reliquat pouvant être distribué aux sociétaires à la fin de la deuxième année.

En effet, nous avons pris comme exemple un chiffre

d'affaires de 250.000 francs par mois, ou 3 millions par an, avec un crédit moyen de quarante-cinq jours, — soit un découvert permanent de 625.000 francs, donc une réserve minimum obligatoire de 62.500 francs (1/10 du découvert).

A la fin de la deuxième année d'exercice, nous aurons versé au fonds de réserve :

Francs

75.000 francs par an, soit............... 150.000

sur lesquels nous aurons eu à rembourser aux sociétaires, pour impayés :

30.000 francs par an, soit............... 60.000

Il restera au compte de Réserves une

somme de 90.000

Cette somme dépasse de 27.500 francs, le montant fixé par les statuts : mettons de 25.000 francs, en chiffres ronds. Ces 25.000 francs seront distribués en ristourne aux sociétaires, — moins une partie pour primes d'encouragement au personnel, si l'on veut, — et nos sociétaires se trouveront ainsi remboursés d'une partie importante de la contribution annuelle qui leur aura été demandée.

La troisième année d'exercice s'ouvrira avec un compte de réserves constitué. Si la perte continue à ne pas dépasser 1 0/0, et à supposer que le chiffre d'affaires reste stationnaire, il restera un et demi pour cent de disponible à la fin de l'exercice sur les deux et demi pour cent prélevés pour « Réserves pour impayés ». Sur 3 millions d'affaires, un et demi pour cent représente 45.000 francs. Admettons que 10.000 francs soient retenus pour primes et réserve extraordinaire, il reste 35.000 francs aux sociétaires, soit 350 francs pour chacun, — ce qui ramènerait le montant de leur cotisation annuelle à 150 francs.

Je pourrais, il me semble, trouver naturel que les « Mutuelles » ne donnent aucun bénéfice, car tel n'est pas leur but réel. Elles auront déjà accompli leur mission, si elles ont permis aux petits industriels d'exporter leurs produits en pleine connaissance de cause et en toute tranquillité d'esprit. Toutefois, le bénéfice n'est pas négligeable : son chiffre dépendra de la sagesse et de l'habileté des sociétaires et de leur Conseil d'administration.

J'imagine, en outre, que les sociétaires, au cas de pertes subies dès les premiers mois d'exercice, pourraient accorder quelque crédit à la société. Ils se trouveraient remboursés au fur et à mesure de la constitution automatique du fonds de « Réserves pour impayés ».

Récapitulation des frais. — En résumé, nous avons vu que les frais fixes seraient amplement couverts, pour une Mutuelle de dix groupes ou cent fabricants, par une cotisation fixe annuelle de 500 francs.

Quant aux frais variables, ils se décomposent comme suit :

Commission à l'Agent général..........	1/2 0/0
— aux Agents...............	3 0/0
Réserve pour impayés	2 1/2 0/0
Au total.............	6 0/0

sur les affaires traitées à demander aux sociétaires, sans aucun supplément, puisque la Mutuelle n'a à rechercher aucun bénéfice.

Est-il permis d'affirmer que les avantages présentés

par la puissance d'action des « Mutuelles » et par les
garanties qu'elles donnent à leurs sociétaires, sont
au moins équivalents aux sacrifices qu'elles leur demandent? Je crois pouvoir répondre affirmativement.

Administration. — L'administration des *Mutuelles-
Exportation* sera laissée aux mains des intéressés,
représentés par un Conseil d'administration (fonctions
gratuites) composé de membres élus à raison de un par
chaque groupe.

Chaque groupe se réunira à intervalles réguliers.
Il pourra révoquer l'agent représentant et nommer un
nouvel agent. Il pourra voter des propositions que
son mandataire élu aura pour mission de transmettre
au Conseil d'administration de la « Mutuelle ».

L'Agent général, chef de l'Agence des ventes, pourra
être révoqué, — comme il a été agréé, — par décision
du Conseil d'administration. Cet Agent général sera tenu
de fournir chaque mois un compte rendu détaillé des
affaires de l'Agence, de l'état de la caisse et des
réserves ; il sera tenu de venir plusieurs fois par an,
se mettre quelques jours à la disposition de tous les
sociétaires qui désireraient l'entretenir de points les
concernant.

La correspondance entre Agents et Fabricants serait
directe, par le seul intermédiaire nécessaire de l'Agent
général.

Maintenant il faut assurer aussi à chaque fabricant
le secret de son chiffre d'affaires. Cela est possible,
comme je vais le montrer ci-après.

En tous les cas, les seuls points que le Conseil d'administration de la « Mutuelle » ne connaîtra pas sont
les suivants, qu'il n'a pas à connaître :

1° Correspondance entre les Fabricants et leurs Agents;

2° Chiffre d'affaires traité par chaque Fabricant.

Le Conseil n'a pas besoin de connaître ces détails. Il a à examiner les affaires par groupe et par Agent, à veiller sur l'activité commerciale de la Société, sur la sécurité et sur la régularité de ses opérations.

Attributions laissées au Comité d'initiative. — Certaines attributions seront laissées au Comité d'initiative, afin d'éviter aux « Mutuelles » les dépenses d'un siège social et afin de donner toute garantie aux sociétaires pour la garde des fonds en caisse et en réserve, pour le secret des opérations des sociétaires, et pour la régularité de la comptabilité.

Dans ce but, le Comité d'initiative pourra :

1° Continuer à se charger de recueillir les cotisations et le montant des commissions dues par les fabricants sociétaires sur les affaires qu'ils auront traitées;

2° Rester le dépositaire du fonds de Réserves pour impayés, ainsi que des fonds disponibles autres que ceux nécessaires aux dépenses courantes de l'Agence générale;

3° Contrôler la régularité des écritures de l'Agence générale de chaque « Mutuelle » et recevoir les plaintes des sociétaires sur les différends de cette nature.

En examinant ces attributions avec soin, on s'apercevra que l'administration de chaque « Mutuelle » n'en reste pas moins entièrement aux mains des intéressés, représentés par le Conseil d'administration qu'ils ont élu.

Bien que les détails d'organisation que j'ai exposés dans les pages précédentes ne soient, en somme, qu'un projet, qu'une base de discussion, je dois dire cependant que ceux auxquels je me suis arrêté ont été mûrement étudiés. Ils sont forcément incomplets, parce que je ne pouvais entrer dans tous les détails d'organisation intérieure, mais j'espère qu'on voudra bien les examiner avec attention et dans le même esprit qui les a inspirés : celui du bien public.

Le point important ne consistait pas, d'ailleurs, à régler par le menu des détails d'organisation, mais à faire en sorte que *l'organisation elle-même procède à la fois de tous les principes qu'une étude précédente nous avait révélés comme indispensables.*

Je crois y être parvenu.

CHAPITRE IV

AVANTAGES SECONDAIRES

Extension possible. — Placement des jeunes Français à l'étranger. — Application en France. — Applications diverses. — Voyages en commun des fabricants à l'étranger. — Extension du rôle du Comité d'initiative. — Importance de ces avantages secondaires.

En dehors de l'avantage principal des « Mutuelles-Exportation », qui serait de lancer la grande masse des petits et des moyens industriels dans l'exportation intensive des produits français, — en dehors de l'intérêt national qui me semble se lier à leur établissement, — elles présentent d'autres avantages secondaires, parmi lesquels sont les suivants :

Extension. — Elles peuvent adjoindre à leurs Agences générales des marchandises en dépôt, et organiser des voyages à effectuer par les agents, — successivement ou simultanément, — dans les villes secondaires des pays où elles ont instal!é leur Agence générale.

Placement des jeunes Français à l'étranger. — Nombre de nos compatriotes y trouveraient, comme Agents, des postes où ils pourraient se créer des situations enviables.

Auprès de ces Agents, de jeunes Français pourraient être acceptés en qualité de volontaires, et pourraient là perfectionner leur éducation commerciale dans une école pratique de premier ordre.

Les « Mutuelles-Exportation » apporteraient ainsi un précieux appui aux sociétés et aux particuliers qui se sont dévoués au placement à l'étranger de jeunes gens français.

Je citerai, à cet égard, les associations suivantes : la « Société d'Encouragement pour le Commerce français d'exportation [1] » ; la « Société d'Échange international des enfants et des jeunes gens [2] » ; la si intéressante fondation de M. Toni-Mathieu et dont le président est M. Pierre Baudin ; « l'École des Roches [3] », création de M. E. Demolins, le sociologue bien connu ; l'Association pour favoriser le placement gratuit des Français à l'étranger [4], fondée par M. Poujol, instituteur de la ville de Paris, et présidée par MM. d'Estournelles de Constant et Foncin ; l' « Union des associations [5] des anciens Élèves des Écoles supérieures de Commerce reconnues par l'État », présidée par M. J. Siegfried ; la « Chambre de Commerce de Bordeaux » qui, chaque année, envoie en Angleterre deux ou trois boursiers ; la Commission spéciale du Comité du Commerce extérieur.

Application en France. — Les fabricants de province désirant être représentés utilement à Paris et dans les autres grandes villes de France trouveraient dans une organisation inspirée de celle des « Mutuelles-Exportation » le moyen de réaliser leur désir.

Cinquante maisons de la région de l'Auvergne, par

1. Rue Feydeau, 3.
2. Boulevard Magenta, 36.
3. Près Verneuil (Eure).
4. Boulevard Arago, 13.
5. Rue Auber, 15.

exemple, pourraient former un certain nombre de *groupes*, représentés chacun par un Agent spécial à Paris. Tous ces Agents auraient leurs bureaux dans le même local, et l'un d'eux serait chargé de la direction, avec un supplément d'appointements.

Applications diverses. — De la même manière, les produits de nos colonies pourraient accroître leurs débouchés en France, et réciproquement.

Une organisation analogue, mais simplifiée, permettrait aussi à des groupes de fabricants français de participer aux expositions temporaires d'échantillons à l'étranger, telles que les « Foires de Leipzig ». Les frais seraient très minimes.

Voyages en commun des fabricants à l'étranger. — Les fabricants adhérents d'une « Mutuelle-Exportation » pourraient visiter en commun, chaque année, la ville étrangère où ils sont représentés. Les frais de voyage et de séjour seraient ainsi considérablement réduits pour chacun, et ils pourraient prendre utilement contact avec leur représentant et avec la clientèle. En outre, leur visite collective ferait sensation et serait susceptible d'améliorer les rapports entre commerçants français et étrangers. Ces voyages périodiques seraient facilement organisés par les Conseils d'administration.

Extension du rôle du Comité d'initiative et d'études. — A côté des applications diverses et des extensions dont sont susceptibles les « Mutuelles-Exportation », il y a lieu de placer l'extension possible du rôle du Comité d'initiative lui-même.

Quand ce Comité aura installé plusieurs « Mutuelles »,

il commencera à être connu un peu partout à l'étranger, où, bien certainement, les journaux auront parlé de lui. Il est fort probable que, dès cette époque, il recevra des demandes provenant d'acheteurs étrangers (de pays où il n'existe pas d'Agence de « Mutuelle-Exportation ») désireux d'être mis en relations avec un fabricant français de telle ou telle spécialité. Ces demandes seront naturellement transmises aux Mutuelles en fonctionnement, et ajouteront un avantage de plus en faveur de leurs membres.

J'arrête ici l'énumération des avantages secondaires du mode d'organisation que je préconise. Il serait bien inutile que je m'étende plus longtemps sur ce sujet, qui n'est qu'un corollaire de mon étude. Mais il me semble que certains de ces avantages secondaires présentent à eux seuls un intérêt assez grand pour être pris en considération et examinés à fond par les catégories d'industriels auxquelles ils pourraient plus particulièrement profiter.

RÉSUMÉ GÉNÉRAL

ESSAI SUR UN NOUVEAU MOYEN D'ACCROITRE L'EXPORTATION DES PRODUITS FRANÇAIS[1]

MESSIEURS,

« La lutte commerciale entre les nations, dit M. A. Picard, prend chaque jour une âpreté croissante, et désormais la puissance mondiale se disputera beaucoup plus sur les marchés internationaux que sur les champs de bataille. » On peut ajouter qu'aujourd'hui une société ne peut ni reculer, ni rester stationnaire sans disparaître bientôt sous les pas de celles qui marchent en avant. Toutefois, il n'y a pas lieu de s'effrayer de cet état de choses, car la lutte industrielle produit des effets diamétralement opposés à ceux de la lutte militaire. Cette dissemblance, quant aux effets, découle forcément de la dissemblance de ces deux ordres d'action : l'échange et la guerre.

Dans la lutte industrielle, la nation vaincue entre immédiatement en partage du fruit de la victoire. D'autre part, chaque nation est intéressée à la prospérité de toutes les autres. En travaillant au développement du commerce extérieur de la France, nous pou-

1. Rapport présenté par l'auteur à la Réunion générale des Conseillers du Commerce extérieur du 21 novembre 1906.

vons donc avoir l'intime satisfaction de travailler du même coup au progrès des autres peuples.

L'accroissement de nos échanges internationaux est insuffisant. De 1896 à 1905 il est de 33 0/0. L'accroissement moyen des vingt et une nations dont le chiffre du commerce extérieur en 1905 dépassait un milliard est de 61 0/0. Sous ce rapport, nous venons au dix-septième rang.

Le vrai remède réside dans la mise en harmonie de nos méthodes d'instruction et d'éducation technique et commerciale, de nos méthodes de travail, de notre législation, avec les conditions générales actuelles des échanges internationaux.

Mais, si nous ne devons rien négliger pour hâter la marche d'une évolution tardive et nécessairement lente, nous devons cependant aussi diriger nos efforts vers la recherche d'améliorations immédiates, d'améliorations de détail; nous devons, en un mot, prenant les circonstances et les hommes tels qu'ils se présentent à nous, en tirer tout le parti possible pour le bien de notre pays.

C'est dans cet esprit, et c'est dans ce but, Messieurs, que j'ai limité mes efforts à la solution de l'un seulement des points du problème si vaste et si complexe qui s'impose à notre attention : je veux dire au perfectionnement des moyens d'accroître l'exportation des produits français.

La situation économique et financière de la France est excellente. Ses ressources de toute nature sont immenses. Son relèvement général depuis 1870 est au moins aussi considérable que la progression commerciale et industrielle des pays qui nous entourent, si on veut bien ne pas oublier le point de départ et de comparaison. Nous pouvons, en agissant avec méthode et persévérance, rapidement regagner le terrain perdu.

*
* *

Quelles sont donc les principales conditions auxquelles doit satisfaire, pour être immédiatement applicable, pour être pratique et féconde, toute organisation ayant pour but le développement de nos exportations ? Ce sont :

1° La nature du milieu industriel français ;

2° Les exigences de la lutte commerciale entre les nations ;

3° L'état d'esprit de l'industriel français.

Malgré que ces conditions puissent paraître quelque peu contradictoires, leur examen attentif permet d'en dégager un ensemble de principes harmoniques susceptibles de constituer une base solide pour la construction d'une organisation nouvelle.

L'examen de la nature du milieu industriel français montre que notre pays est une véritable démocratie industrielle : 85 sur 100 des établissements y occupent de un à quatre ouvriers.

Le principe qui s'en dégage est celui-ci : pour obtenir un grand et réel accroissement de l'exportation française, il faut que les organisations créées dans ce but puissent être utilisées par la grande masse des industriels de moyenne et de petite importance. C'est là un fait primordial.

Je ne saurais admettre, à ce sujet, la théorie consistant à dire qu'un petit industriel ne peut songer à faire de l'exportation. Il n'y a pas là impossibilité, mais seulement une question de méthode et de mesure, ce qui est tout autre chose.

En second lieu, de l'examen des différents moyens employés ou préconisés jusqu'ici pour accroître nos exportations, se dégagent tout naturellement les principes qui permettront à l'organisation cherchée de satisfaire aux exigences de la lutte commerciale.

Je ne puis que mentionner ici les principaux de ces différents moyens : représentants isolés, groupements commerciaux, comptoirs d'exportation, voyages à frais communs, expositions d'échantillons, et musées commerciaux. Je reconnais pleinement la haute valeur de ces procédés. Je ne saurais mieux le prouver qu'en m'inspirant de leurs conceptions, ce que je fais en retenant, parmi les principes dont ils émanent, les suivants :

Association entre fabricants non concurrents pour la représentation de leurs articles à frais communs ;

Spécialisation des représentants, par la réunion entre leurs mains de représentations d'industries similaires, mais cependant non concurrentes ;

Rémunération des représentants par un traitement fixe en dehors d'une commission sur les affaires traitées ;

Constitution d'expositions d'échantillons permanentes actives et constamment tenues à jour, sur les lieux où l'on veut vendre ;

Souplesse suffisante dans l'organisation, lui permettant de s'adapter sans dommage aux divers marchés.

Maintenant il nous reste à vaincre le grand obstacle provenant de l'état d'esprit de nos industriels, de la méfiance instinctive qu'ils éprouvent vis-à-vis les acheteurs étrangers. La crainte de pertes d'argent, — provenant d'une connaissance insuffisante des méthodes d'information, des langues étrangères et des marchés étrangers, — doit disparaître plus encore dans l'intérêt de notre pays que dans celui des fabricants. J'ajouterai donc aux principes nécessaires relevés ci-dessus celui-ci :

Garantie du paiement des créances pour les fabricants exportateurs.

Les différentes organisations créées jusqu'à ce jour se sont, certes, inspirées d'un ou de plusieurs des principes que je viens de dégager. Mais, tout en rendant un hommage mérité aux efforts tentés, tout en travaillant à augmenter leurs résultats, je crois qu'il faut se servir de leurs enseignements mêmes pour chercher à faire mieux encore.

Je crois qu'il est possible de construire une organisation s'inspirant, non de quelques-uns des principes précédents, mais bien de leur ensemble.

C'est ce que j'ai essayé de réaliser, en demandant à l'idée de mutualité de me fournir la clef de voûte d'un type nouveau d'association que j'ai dénommé : *Mutuelle-Exportation.*

.

Les « Mutuelles-Exportation » pouvant être créées en nombre illimité, il importe d'appliquer dans leur établissement la loi de l'économie de l'effort.

La tâche qui consiste à réunir tous les éléments nécessaires à la constitution des Mutuelles et à susciter leur création, le travail préparatoire d'enquêtes, d'études, de recherche d'agents, de groupement des fabricants, d'organisation intérieure, etc., tout cela représente une grande somme d'énergie, de savoir, de temps et d'argent. La nature des « Mutuelles-Exportation », toutes intéressées à ce que chacune d'elles puisse s'organiser le plus facilement, le plus rapidement et avec le moins de dépenses possible, permet d'éviter que tout ce travail soit continuellement à refaire.

Il suffit pour cela d'instituer, à l'origine de ces associations, un Comité d'initiative et d'études dont je n'ai pas besoin de définir le but. Tout citoyen français pourrait s'inscrire à ce comité, à titre, par exemple, de membre donateur, de sociétaire, ou d'adhérent. Des cotisations volontaires fourniraient au Comité d'initiative et d'études pour la création des « Mutuelles-Exportation » les fonds nécessaires à son fonctionnement. La nature des services rendus autorise, à mon avis, un appel public à tous ceux qui s'intéressent à la prospérité de notre pays : il s'agit ici, en effet, non point d'une œuvre simplement commerciale, mais bien d'une œuvre d'intérêt général.

Par la suite, les Mutuelles en exercice verseraient au Comité d'initiative une certaine contribution annuelle.

Mais je dois déclarer que je ne suis pas d'avis de solliciter aucune subvention officielle. Je considérerais une telle sollicitation comme absolument contraire à l'esprit de mon travail.

Au fur et à mesure qu'une nouvelle « Mutuelle-Exportation » sera mise sur pied, elle deviendra sur-le-champ un organisme indépendant, et libre de s'administrer à sa guise. Tout au plus le Comité d'initiative pourra-t-il servir de garantie sur des points de détail, en outre de ce qu'il évitera aux Mutuelles les frais d'un siège social.

J'examinerai maintenant les modes de constitution

et de fonctionnement d'une « Mutuelle-Exportation »
prise comme type.

Il est bien entendu que chaque Mutuelle n'a en vue
la représentation de ses membres que sur une seule
grande place étrangère.

Les adhésions des fabricants sont sollicitées au
nombre de dix dans chaque industrie. Ces dix maisons
forment un *groupe*. Elles appartiennent à la même industrie, mais elles sont de spécialités différentes. Elles se
sont agréées mutuellement comme ne se faisant pas
concurrence.

Dans mon esprit, une Mutuelle ne saurait se composer de moins de dix groupes, ou cent maisons. Ce
chiffre peut être dépassé, car il peut se former autant de
groupes qu'il existe d'industries, ou de branches
d'industries, différentes. Mais on voit que, y eût-il
cent groupes dans la Mutuelle, aucune maison n'y fera
concurrence à une autre.

Chaque groupe de dix maisons est représenté par un
Agent s'occupant exclusivement de la vente des produits
de ces dix maisons, lié par contrat, et qui se trouve
être spécialisé.

Les représentants sont rétribués :

1° Par un traitement fixe, que j'évalue en moyenne
à 2.400 francs ;

2° Par une commission de 3 0/0 sur les affaires
traitées.

Supposons dix groupes constitués. Les dix Agents-
Représentants auront leurs bureaux dans le même
local, où se trouveront réunies cent collections d'échantillons. Nous obtenons ainsi la réalisation d'une exposition permanente d'échantillons très variés et constamment renouvelés des dernières nouveautés françaises.

Cette exposition sera certainement appréciée et utilisée par les acheteurs étrangers. Elle ne délivrera pas de diplômes, mais donnera des résultats sérieux.

Un Agent général dirigera les représentants des divers groupes. Il sera rétribué :

1° Par un traitement fixe annuel que j'évaluerai en moyenne à 5.000 francs ;

2° Par une commission de 1/2 0/0 sur les affaires totales.

La garantie du paiement des créances sera fournie par la constitution d'un fonds spécial de Réserves pour Impayés, qui devra être progressivement amené et ensuite maintenu à un chiffre au moins égal au dixième du découvert.

Afin de donner aux sociétaires une tranquillité complète, je propose que ce fonds de réserve soit alimenté par un versement de 2 1/2 0/0 sur les affaires.

Les frais généraux fixes, indépendants du chiffre d'affaires d'une Mutuelle de dix groupes ou cent maisons, d'après des calculs aussi précis que possible, ressortent en moyenne à 43.000 francs, soit, en chiffres ronds, à 50.000 francs.

Les frais généraux variables, dépendant du chiffre d'affaires, se décomposent comme suit :

Aux Agents............................	3	0/0
A l'Agent général.....................	1/2	0/0
Au Compte de Réserves pour Impayés..	2 1/2	0/0
Au total	6	0/0

Il est indispensable qu'aux frais généraux fixes correspondent des recettes certaines, pour assurer la bonne marche de la Mutuelle en toutes circonstances.

La contribution demandée à chaque sociétaire se composera, en conséquence :

1° D'une cotisation annuelle de 500 francs, qui pourra être payable à raison de 125 francs, par trimestre ;

2° D'une remise de 6 0/0 sur les affaires traitées.

Le chiffre de la cotisation annuelle — 500 francs — est, comme il le faut, à la portée des petits industriels. C'est moins que ne coûte la participation la plus modeste à la moindre exposition.

Il faut remarquer, en outre, que le prélèvement de 2 1/2 0/0 sur les affaires pour le compte de Réserves pour Impayés étant certainement bien supérieur au taux moyen réel de ces pertes, une partie pourra être remise en ristourne aux sociétaires après un certain temps d'exercice. Il est facile d'établir par le calcul que la contribution annuelle des sociétaires se trouvera ainsi diminuée notablement dès la seconde année de fonctionnement de la Mutuelle.

Il serait juste et profitable d'intéresser les Agents dans l'affaire, de manière à leur faire surveiller de très près la solvabilité des clients.

L'administration de la Mutuelle serait laissée aux intéressés, représentés par un Conseil d'administration (fonctions gratuites) composé de membres élus à raison de un par groupe. Mais le Conseil d'administration n'ayant pas à connaître les affaires particulières de chacun des membres de la Mutuelle, la correspondance entre Agents et Fabricants sera directe, sauf le seul intermédiaire de l'Agent général.

D'autre part, le chiffre d'affaires de chaque fabricant doit rester secret, et toute garantie doit être donnée quant à la garde du fonds de réserves. Pour cela, certaines attributions comptables seraient laissées au

Comité d'initiative et d'études, par exemple : encaissement des cotisations et des remises sur affaires traitées,
contrôle de la régularité des écritures, garde du fonds
de réserves, etc. Ceci n'impliquerait, en fait, aucune
restriction de la liberté d'action et de l'autorité du
Conseil d'administration de chaque Mutuelle.

*
* *

L'organisation que je viens d'avoir l'honneur de vous
exposer, Messieurs, peut-être un peu trop succinctement,
me paraît contenir et appliquer tous les principes que
j'ai dégagés en commençant.

Elle est susceptible d'extension, par l'adjonction aux
Agences de dépôts de marchandises, et par l'institution de voyages effectués par les représentants.

Elle présente des avantages secondaires, tels que ceux
de faciliter le placement de jeunes Français à l'étranger, et de constituer à leur usage de véritables écoles
pratiques de commerce.

Elle est utilisable par les fabricants de province, pour
la représentation efficace de leurs articles à Paris, —
et par les industriels de nos colonies, pour la représentation de leurs produits en France.

Enfin, une organisation analogue, mais simplifiée,
permettrait à des groupes de fabricants français de participer à peu de frais aux expositions temporaires
d'échantillons telles que les Foires de Leipzig.

Je termine, Messieurs, en sollicitant de votre dévoue-
ment éclairé à la chose publique la faveur d'une critique nécessaire pour le perfectionnement de mon
projet, et d'un concours indispensable pour sa réalisation éventuelle.

TABLE DES MATIÈRES

CHAPITRE V

Nature et effets réels de la lutte industrielle

RÉSUMÉ ET CONCLUSION DE LA PREMIÈRE PARTIE

DEUXIÈME PARTIE

INSUFFISANCE DU DÉVELOPPEMENT DU COMMERCE EXTÉRIEUR DE LA FRANCE, ET NÉCESSITÉ DE L'ACCROITRE

CHAPITRE I

Commerce extérieur des principales nations

CHAPITRE II

Balance du Commerce

CHAPITRE III

Remarques sur la situation économique des quatre principales nations

CHAPITRE IV

Crises commerciales

CHAPITRE V

Taux actuel de l'escompte

RÉSUMÉ ET CONCLUSION DE LA DEUXIÈME PARTIE

TROISIÈME PARTIE

CONDITIONS A RESPECTER ET PRINCIPES NÉCESSAIRES

CHAPITRE I

Conditions à respecter

CHAPITRE II

Nature du milieu industriel français. — Démocratie industrielle

CHAPITRE III

Exigences de la lutte commerciale

CHAPITRE IV
Représentants isolés

CHAPITRE V
Comptoirs d'exportation. — Groupements commerciaux
Voyages à frais communs

CHAPITRE VI
Expositions d'échantillons et Musées commerciaux

CHAPITRE VII
Divers autres moyens

CHAPITRE VIII
Principes

CHAPITRE IX
L'état d'esprit de l'industriel français

RÉSUMÉ ET CONCLUSION DE LA TROISIÈME PARTIE

QUATRIÈME PARTIE

« LES MUTUELLES-EXPORTATION »

Construction   **Électricité**

Mines et Métallurgie   **Chimie**

Mécanique   **Chemins de fer**

Usines et Manufactures

Dictionnaire des termes techniques employés dans les Sciences et dans l'Industrie, par H. DE GRAFFIGNY, ingénieur civil, rédacteur en chef de la revue *l'Électricité*, avec une préface de Max de NANSOUTY. In-8° 13 × 19 de 839 pages. Broché, 12 fr. 50; cartonné................. 14 fr.

Du choix d'une carrière industrielle, par Paul BLANCARNOUX, ingénieur-publiciste, rédacteur en chef du *Journal des Inventeurs*, avec une préface de Paul ADAM. In-8° 14 × 23 de 377 pages. Broché, 7 fr. 50; cartonné... 9 fr.

Droit commercial et législation industrielle, par L. MARTIN, professeur libre de droit, membre de la Chambre des députés. In-16 14 × 23 de 671 pages... 10 fr.

Comptabilité départementale, vicinale, communale et commerciale, par E. DARDART, sous-ingénieur des Ponts et Chaussées; A. BONNAL, ingénieur civil, et Ch. ORRIER, expert comptable. In-16 12 × 18 de 778 pages. Reliure souple...... .... 12 fr.

Comptes faits. Table des produits des nombres variant de centième en centième depuis 0,1 jusqu'à 10 unités, par les nombres variant de dixième en dixième depuis 0,1 jusqu'à 10 unités, ou, en négligeant la virgule : Table des produits des nombres entiers de 1 à 1.000 par les nombres entiers de 1 à 100, par CLAUDEL. In-8° 14 × 23 de xxviii-203 pages.. 5 fr.

La sécurité du travail dans l'Industrie. Moyens préventifs contre les accidents d'usines et d'ateliers, par Paul RAZOUS, ingénieur civil, ancien inspecteur départemental du travail dans l'industrie. In-8° 17 × 25 de 378 pages avec 222 figures.........:............................. ... . 12 fr. 50

Hygiène et sécurité du travail industriel, par G. PARAF, ingénieur des Arts et Manufactures. *Ouvrage couronné par l'Académie des Sciences.* In-8° 16 × 24 de 632 p. avec 402 fig. Broché, 20 fr.; cartonné........... 22 fr.

Accidents du travail. *Lois, règlements, décrets et arrêtés. Commentaire pratique et revue de la jurisprudence, avec tableaux comparatifs de la législation étrangère*, par A. MOURRAL, conseiller à la Cour d'appel de Limoges, avec la collaboration de A. BERTHIOT, inspecteur du travail dans l'industrie, licencié ès sciences. In-8° 14 × 23 de xl-320 pages...... 5 fr.

Hygiène et secours et premiers soins à donner aux malades et aux blessés, par le Dʳ J. NOIR, professeur des Écoles municipales d'infirmières de la Ville de Paris. In-16 12 × 18 de 320 pages avec 79 figures. Reliure souple... 7 fr. 50

Les déchets industriels, leur récupération et leur utilisation, par P. RAZOUS, ingénieur civil, licencié ès sciences physiques et mathématiques, ancien inspecteur départemental du travail. In-8° 17 × 25 de 380 pages avec 101 figures. Broché, 12 fr. 50; cartonné........................ 14 fr.